FORMANDO EQUIPES VENCEDORAS

CARLOS ALBERTO PARREIRA
em depoimento a RICARDO GONZALEZ

FORMANDO EQUIPES VENCEDORAS

Lições de liderança e motivação: do esporte aos negócios

2ª edição

CIP-BRASIL. CATALOGAÇÃO-NA-FONTE
SINDICATO NACIONAL DOS EDITORES DE LIVROS, RJ.

P278F
2ª ed.

Parreira, Carlos Alberto, 1943-
Formando equipes vencedoras: lições de liderança e motivação: do esporte aos negócios / Carlos Alberto Parreira em depoimento a Ricardo Gonzalez. – 2ª ed. – Rio de Janeiro: Best*Seller*, 2006.

Apêndices
Inclui bibliografia
ISBN 85-7684-131-2

1. Parreira, Carlos Alberto, 1943-. 2. Técnicos de futebol – Brasil – Biografia. 3. Liderança. 4. Motivação. I. Gonzalez, Ricardo, 1965-. II. Título.

06-1348

CDD 927.96334
CDU 92:796.332

ESTRATÉGIAS DE UM VENCEDOR
Copyright © 2006 Carlos Alberto Gomes Parreira e Ricardo Gonzalez Paradela

Capa, projeto gráfico e diagramação: Julio Moreira
Foto de capa: Paula Johas

A renda deste livro que caberia a Carlos Alberto Parreira será doada à Paróquia Nossa Senhora das Vitórias.

Todos os direitos reservados. Proibida a reprodução, no todo ou em parte, sem autorização prévia por escrito da editora, sejam quais forem os meios empregados.

Direitos exclusivos desta edição reservados pela
EDITORA BEST SELLER LTDA.
Rua Argentina, 171, parte, São Cristóvão
Rio de Janeiro, RJ – 20921-380

Impresso no Brasil

ISBN 85-7684-131-2

PEDIDOS PELO REEMBOLSO POSTAL
Caixa Postal 23.052
Rio de Janeiro, RJ – 20922-970

SUMÁRIO

AGRADECIMENTOS .9

PREFÁCIO .11

INTRODUÇÃO .15

Capítulo 1 O INÍCIO DA JORNADA .25

Para ter sucesso, não é preciso nascer em berço de ouro .29
O aluno importa muito mais do que o local de estudo .30
A importância capital da disciplina .31

Capítulo 2 CONSOLIDANDO AS BASES DO SUCESSO .33

A descoberta da vocação .36
A ruptura dos paradigmas .36
A importância da adoção de um método .38
Sonhar x Trabalhar duro .38
Esteja pronto para o sucesso .39
Não tema os desafios .42
Construa relacionamentos desde cedo .42
Aproveitar as oportunidades sem medo de pagar um
preço alto .42

Capítulo 3 AMPLIANDO HORIZONTES .45

A importância de se construir uma boa rede de
relacionamentos .47

Capítulo 4 O APOIO DA FAMÍLIA .49

Transformar os inevitáveis reveses em pontos positivos .56
Uma família estruturada como base da vitória .56

Capítulo 5 DE PREPARADOR FÍSICO CAMPEÃO A TREINADOR .59

A volta por cima no regresso ao Brasil .62
Admitir um revés pode ser o início de uma nova
grande conquista .63
A primeira conquista de ponta como preparador .65
Começa a se formar um técnico: entre 1974 e 1979 .68
O reencontro com o mestre e a terra das mais de mil e
uma noites .71

Capítulo 6 TREINADOR, LÍDER E MOTIVADOR .75

Liderança com base em serviço .77
Todo grupo precisa de um líder .79
Liderança com base em respeito .80
Liderar é mudar comportamentos .84
Técnico: gestor e facilitador .85
Todos trabalharão pelo líder se virem nele mais um
integrante do time .87
Diferenças culturais: respeito mútuo .87
O que dizem os gurus .88
O líder também pode sonhar .89
O melhor líder é o que sabe motivar .90

Trabalhando sob pressão .92

Exemplos de voltas por cima .93

A importância de interesses comuns .95

Buscar a motivação dentro de cada indivíduo .97

O sucesso é um estágio da vida, nunca o
objetivo final .103

Capítulo 7 A TRAJETÓRIA RUMO AO MAIOR DESAFIO .105

Quando se tem apoio de quem comanda, é muito mais
fácil vencer .110

Encerramento de ouro com o título .113

O primeiro encontro com a seleção brasileira .114

O sucesso no futebol do Brasil: o caminho para chegar lá .115

Um show com o time do coração, o Fluminense .117

O reencontro com o mundo árabe, o aprendizado na
adversidade e a derrota para o mestre .122

Vice que valeu como título no Bragantino – 1991 .125

Harmonia em equipe: fator fundamental para
o sucesso .127

Dinheiro não é fator preponderante para o sucesso .128

Às vezes, ser o segundo vale mais do que ser o primeiro .129

A conquista do mundo em 1994 .131

Se não se pode ganhar sempre, ganha-se na hora certa .132

Um vencedor trabalha até nas férias .138

Campeão na Turquia em 1995 e 1996 .139

A conquista no Fluminense .140

A importância de, quando necessário, saber dançar
conforme a música .144

Enfrentando a hostilidade e o pessimismo .147

O maior desafio de Parreira: voltar à seleção com um
dream team .150
"Deixe seu ego lá fora" .151
Liderar com equilíbrio .152

BIBLIOGRAFIA .155

Apêndice 1 A CARREIRA .157

AGRADECIMENTOS

Se você perguntar a qualquer pessoa bem-sucedida se ela acredita que alguém seja capaz de realizar seus sonhos sem a ajuda de ninguém, certamente sua resposta será negativa. De algum modo, em algum momento, alguém lhe estendeu a mão. Um gesto que, às vezes, pode ser singelo, mas que, sem dúvida, faz toda a diferença.

Não foi diferente comigo. Além da minha disposição e do desejo de crescer profissionalmente tive em meu caminho muitas pessoas que me ajudaram e acreditaram em mim. Por esse motivo, devoto o meu mais sincero agradecimento a todos os presidentes e às diretorias dos clubes nos quais tive a honra de trabalhar e a satisfação de não tê-los decepcionado.

Algumas pessoas foram fundamentais na minha carreira e cada uma delas tem um valor especial. Sem eles, sem dúvida, eu não chegaria onde estou hoje. Meus agradecimentos a Admildo Chirol, Alexandre Gomes Parreira, Carlos Eugênio Lopes, Evaristo de Macedo, Francisco Horta, João Boueri, João Havelange, José Alves do Rio, Marco Antonio Teixeira, Mário Jorge Lobo Zagallo, Newton Graúna, Ricardo Teixeira, Roberto Machado, Roberto Osório e Sheikh Fahad.

Meu profundo agradecimento à editora da Best*Seller*, Beatrice Araújo, pela coordenação da produção deste livro, por suas sugestões, dedicação e experiência. Seguramente seu empenho foi importantíssimo para que este projeto se concretizasse. Agradeço, sobretudo, o entusiasmo com que abraçou a idéia e com que encarou os naturais percalços durante o processo.

Obrigado, Ricardo Gonzalez, por sua valiosa colaboração, interesse e, principalmente, pela insistência em tornar a idéia uma realidade. Sem ela, nada disso seria possível agora.

Meus agradecimentos especiais a minha família. Em memória, à d. Geny, minha mãe e fã número um, que sempre incentivou, torceu, apoiou e, sobretudo, educou-me, deixando-me meu maior tesouro: seus ensinamentos e princípios. À minha mulher Leila, companheira e amiga de tantos anos, que participou com sua força e dedicação ao longo de toda esta caminhada, ponto de apoio da família em todos os seus momentos com a simplicidade e a grandeza das pessoas bem resolvidas.

Obrigado por tudo.

Às minhas filhas Vanessa e Danielle, pelo imenso carinho e pela indescritível alegria que tenho em vê-las integradas de forma tão sólida à nossa família, por terem compreendido e aceitado as dificuldades que enfrentamos ao procurar conciliar profissão e vida familiar. Adoro vocês! E à minha mais recente alegria, Letícia, que tanta felicidade nos proporciona.

Não poderia jamais deixar de mencionar a relevância do meu grande amigo Evandro Mota neste livro, por seu incentivo e colaboração. Velho conhecido que, ainda na década de 1970, ministrava o Curso DOM, no Rio de Janeiro, que tive o prazer de freqüentar e onde aprendi sobre Técnicas de Motivação. Voltamos a nos encontrar e a trabalhar juntos na fase inicial de preparação para a Copa de 1994. Seu excelente trabalho ao criar paradigmas fundamentais para a conscientização e o equilíbrio emocional dos jogadores foi essencial na conquista do título.

Evandro foi o responsável. Ele me despertou para o fascinante mundo das palestras motivacionais, tão amplamente adotadas por empresas que buscam compartilhar a experiência profissional da área dos esportes. Os dois mundos – o corporativo e o esportivo – relacionam-se diretamente e cada vez mais. A troca de experiências entre esses ambientes aparentemente tão distintos tem se mostrado extremamente profícua.

Evandro acreditou que a história de um menino que desejou conhecer o mundo deveria ser contada. Representava, na visão dele, o tipo de exemplo que as pessoas precisavam conhecer, pois seus princípios, crenças, sonho, visão, estratégia, planejamento, disciplina e perseverança adequariam-se perfeitamente ao modelo das empresas. Ele foi fundamental na preparação de minhas palestras que, ao longo dos últimos quatro anos, foram ganhando um novo formato, assumindo cada vez mais o meu jeito de ser.

Grande e caro amigo, sem dúvida alguma, você é o maior responsável por este momento.

Obrigado, mesmo.

PREFÁCIO

Carlos Alberto Parreira tem um mérito grande em sua trajetória de vida no esporte: ele se preparou para ter sucesso. Não se tornou técnico de repente. Começou a carreira como preparador físico, mas sempre observando atentamente todo o trabalho dos treinadores que o comandavam. Foram 13 (vejam a sorte aí) anos como preparador físico, para então definitivamente assumir a nova função. E nessa, a de treinador, chegou simplesmente ao comando da seleção brasileira e foi campeão do mundo. Sem contar os mais de 15 anos fazendo trabalhos de ponta no exterior.

Mas, para chegar a isso, além do conhecimento de professor que sempre teve, Parreira se atirou na vida, nunca teve medo. Foi sozinho trabalhar em Gana, em 1967, com apenas 24 anos. Ora, só vai sozinho para um lugar estranho aquele que tem muito desejo de vencer. E ele venceu.

Meu primeiro contato com Parreira foi em 1970, quando ele foi levado por Admildo Chirol, que era meu preparador físico, para ser seu auxiliar na seleção brasileira. Não vinha à toa. Tinha feito uma preparação pessoal enorme, com cursos na Alemanha e na Inglaterra. Teve um olhar visionário ao introduzir no Brasil o uso de slides para o trabalho de análise dos adversários. Naquela Copa, além de auxiliar de Chirol, ele passou a ser meu auxiliar também, na observação dos adversários, trabalho desenvolvido com Rogério (ponta-direita que se machucou antes do Mundial e foi cortado, mas que permaneceu no México, como observador).

Eu fazia as preleções no México com o Mini-Tatic (aquele famoso campinho reduzido com botões que representavam os jogadores) e Parreira apresentava, como apoio, os slides. Aquilo possibilitava uma visão muito mais ampla, diferenciada, para o entendimento dos jogadores.

Parreira sempre procurou evoluir, estudar, tinha o hábito da leitura. Progrediu e eu tive essa felicidade ao lado dele. Quem estuda como ele estudou vence na vida.

Formando equipes vencedoras

No Kuwait, ficamos um ano e meio, conquistamos a Copa do Golfo, que é uma espécie de Copa do Mundo para eles. Em 1977, minha mulher me disse que era hora de voltar. Mas Parreira sabia que havia mais mercado a ser conquistado – sua determinação é incrível – e optou por ficar lá.

A dupla que formamos só podia dar certo. Era, pelo menos no início, a união perfeita entre a prática e a teoria, que muitos buscam sem sucesso. Eu era jogador, vinha do campo, enquanto ele chegava da academia. Parreira anotava tudo o que fazíamos no campo. Anos mais tarde, ele me deu esse material, todo o meu trabalho de preparação tática, organizado por ele. A única coisa que tenho registrado por escrito no futebol é, na verdade, um trabalho de organização do Parreira.

Eu, desde o tempo de atleta, já observava o jogo taticamente, quem me marcava, quem eu deveria marcar, onde estava o espaço vazio. Quando me tornei treinador, sabia transmitir isso ao time, mas foi fundamental ter Parreira ao lado para que isso ficasse registrado.

Muitos ex-jogadores que viraram técnicos eram, durante um tempo, contra os teóricos. Eu não. Sempre lembrava: nem todos os ex-jogadores têm capacidade, poucos podem seguir essa carreira. Os teóricos se formaram, têm mais cultura. Só precisam ter uma oportunidade. Parreira teve e aproveitou. Ele não titubeou. Quando apareceu uma chance, ele disse: "Essa é a hora." E era.

Além do mundo árabe, foi à frente da seleção brasileira que a nossa dupla foi mais feliz. Fomos campeões em 1970, depois em 1974 ficamos em quarto lugar, em 1994 uma luz divina nos iluminou e voltamos a ser campeões juntos, ali já trabalhando como irmãos. E agora vamos para o hexa!

Parreira sempre me diz que eu tenho importância fundamental no sucesso dele. Pode ser. Sempre conversamos muito sobre a escolha de jogadores, o esquema tático a ser usado, e ele sempre me escutou. Tenho 57 anos de futebol. Sempre me policiei muito para não desempenhar o papel de "pai" dele. Afinal, somos amigos, sou mais velho do que

PREFÁCIO

ele, mais experiente, ele começou como meu preparador físico. Parece fácil, mas não é. Não é simples não tentar convencê-lo de que o que falo é o mais certo. E ele segue muito o que eu digo. Mas, se houver um segredo para o nosso sucesso, é que eu falo o que acho, ele ouve, absorve e decide. Com a cabeça dele. Sem vaidade, nem de minha parte nem da parte dele.

Mas fica melhor eu dizer que é muito mais fácil trabalhar com duas bocas, quatro olhos, quatro ouvidos e dois cérebros ao mesmo tempo. Somos duas pessoas tão unidas que parece que temos um só cérebro. Vejo Parreira como um filho: você cria, dá asas e ele parte para a vida. Parreira alçou seu vôo, e muito bem. Ele pode se orgulhar disso, pois é um vitorioso.

Mário Jorge Lobo Zagallo

INTRODUÇÃO

"Não sabendo que era impossível,
ele foi lá e fez."*

O provérbio acima em destaque pode ajudar a responder algumas perguntas do tipo: Quem não gostaria de ser o número 1 em sua profissão, conquistar o mais cobiçado cargo em sua carreira? Quem não gostaria de ter com sua profissão uma relação em que não sente obrigação, mas prazer, praticamente amor? Quem não gostaria que essa sonhada profissão proporcionasse conhecer *in loco* 120 países no mundo, quase o planeta inteiro? Quem não gostaria que sua profissão lhe garantisse a independência financeira muitos anos antes da aposentadoria? Quem não gostaria que sua profissão lhe desse *status* de celebridade?

Milhares de seres humanos atravessam sua existência sem conseguir realizar um sonho sequer entre tantos mencionados. Outros alcançam, no máximo, um deles. Alguns, se forem muito talentosos e tiverem sorte, conseguem dois. Mas será possível conseguir todos esses? O primeiro impulso é responder não. Ainda mais se acrescentarmos a informação de que o postulante a esses sonhos é alguém que não nasceu em berço de ouro, foi criado em Padre Miguel, bairro periférico do Rio, e perdeu o pai aos dois anos de idade.

Mas o carioca Carlos Alberto Gomes Parreira decidiu seguir o provérbio oriental – e hoje o utiliza em todas as suas palestras sobre como "chegar lá". Ele está em plena atividade, aos 62 anos, para provar que sim.

---

*Provérbio oriental.

Formando equipes vencedoras

Então vejamos:

- ⚽ Parreira é o número 1 de sua profissão no Brasil, na medida em que comanda o primeiro time de futebol do país, a seleção brasileira, cargo cobiçado por mais de cem milhões de "treinadores" do Oiapoque ao Chuí. E chegou a esse cargo pela terceira vez, depois de, na segunda, ter conquistado o título de campeão do mundo. Ele mesmo já admitiu certa vez: "Tenho o melhor cargo do mundo."
- ⚽ Parreira ama o futebol, respira futebol. Quem o acompanha de perto em seu trabalho sabe que ele pensa em futebol com prazer, quase que o dia inteiro.
- ⚽ Parreira trabalhou em sete países, além do Brasil, e conheceu mais de 120 em viagens de clubes e seleções por onde passou.

Se Parreira pode, qualquer um pode. Qualquer um que tenha a capacidade de sonhar e que se prepare, adquira conhecimento, trabalhe, se esforce, não desanime à primeira dificuldade, planeje muito, estabeleça metas e vá atrás delas. E depois colha, como Parreira, os frutos.

O homem de sucesso desta obra quebra ainda alguns paradigmas de que, para ter sucesso, é preciso nascer em berço de ouro, ou ter um rostinho bonito, um corpo sarado, ou ainda, no país dos mensalões, ser esperto para "se dar bem", fazer fortuna à custa do trabalho e dinheiro alheios. Este homem nasceu no subúrbio humilde de Magalhães Bastos e foi criado em Padre Miguel, em uma família de classe médiabaixa sustentada pela mãe costureira.

Quanto ao rostinho bonito... um parêntese bem-humorado. Parreira que me perdoe, mas é sua mulher que costuma brincar com ele chamando-o na intimidade de Topo Gigio, um ratinho simpático que foi personagem do programa do humorista Agildo Ribeiro nos anos 1960, cuja principal característica física eram as orelhas grandes. Sem contar o que Parreira costuma relatar com o mesmo humor: a quantidade de vezes em que foi confundido na rua com o humorista Ronald Golias ou o pugilista Éder Jofre.

INTRODUÇÃO

Mas o paradigma mais importante é o fato de Parreira ter atravessado quase quarenta anos no futebol – meio onde há várias portas para sujeiras – sem que qualquer pessoa tivesse a ousadia de acusá-lo de ter ganho dinheiro de forma desonesta, ou de convocar ou escalar o jogador A, B ou C para poder revendê-lo ou valorizá-lo.

Parreira sempre sofreu algumas críticas sobre sua forma de armar um time: defensivista, pouco ousado, adjetivos do gênero. Um desses críticos plantou em minha cabeça a semente que se transformaria nesta obra. No dia 17 de julho de 1994, na sala de imprensa do Rose Bowl, em Pasadena, horas depois de o Brasil ter sido tetracampeão do mundo, desliguei o computador, pois já havia transmitido inúmeras matérias para o *Jornal do Brasil*. Fui, então, festejar o título, que ninguém é de ferro. Cruzei com um amigo jornalista, de São Paulo, que se virou para mim e disse, com a cara emburrada:

– Um título com a cara do Parreira. Nos pênaltis...

Foi como um soco em meu ouvido. A sensação de injustiça me bateu fundo e, a partir dali, achei que eu e a torcida brasileira devíamos um agradecimento a Parreira. Depois de muito trabalho na imprensa, o crescimento do filho, desencontros com o treinador viajante... demorou quase 12 anos, mas saiu!

Apesar dos críticos, ele tem tanto a nos ensinar sobre "voltas por cima" que, recentemente, ao introduzir na seleção brasileira o quadrado mágico no meio-campo, com quatro jogadores ofensivos, acabou com os argumentos dos velhos críticos. Alguns deles, vejam a ironia, chegam agora a dizer que o Brasil está ofensivo demais...

Estar na posição de Parreira e deitar diariamente a cabeça no travesseiro sem uma mancha no currículo é algo que nem todos podem fazer. Quase ninguém, atrevo-me a afirmar.

O adolescente Carlos Alberto Parreira falava a seu padrasto sobre um sonho:

– Vou conhecer o mundo.

Aos 15 anos, enquanto todos os colegas sonhavam em ser Garrinchas ou Pelés, Parreira queria ser o novo Paulo Amaral, preparador físico da seleção brasileira campeã do mundo em 1958. Campo profissional com ótimo potencial de crescimento por falta de procura. E Parreira começou a se preparar para transformar o sonho em realidade.

Aos 23 anos, estava formado em Educação Física, com especialização em técnico de futebol, pela Escola Nacional de Educação Física e Desportos. Além disso, fez algo que hoje em dia parece banal: concluiu o curso de inglês, o que, na época, fazia total diferença. Mais: batalhou por um emprego na Secretaria Estadual de Fazenda no Rio, que lhe daria a possibilidade de fazer contatos que lhe abririam portas no futuro. Como em 1967, quando teve uma experiência que seria definitiva em sua vida: largou tudo e foi trabalhar em Gana.

Aquele foi o início de uma carreira vitoriosa que inclui passagens pelos mais variados empregos.

Se *sucesso* pudesse ser definido com uma fórmula, um bom caminho seria a que Parreira mostra nos slides de suas palestras a empresas. Ele brinca com a palavra sorte, à qual muitos se apegam para não se esforçar. A única sorte na qual Parreira acredita é aquela composta pelas seguintes palavras:

SONHO
PREÇ**O**
PREPA**R**AÇÃO
INICIA**T**IVA
ENTUSIASMO

Os segredos dessa equação serão conhecidos pelo leitor nas páginas seguintes. Esta obra não ensinará ninguém a montar um time de futebol. Também não se propõe a ser uma fonte de fofocas ou histórias de bastidores sobre as celebridades do futebol. Talento, eu tentaria explicar, se soubesse como – quem explica o que Pelé fazia com a bola? O que virá nas páginas seguintes é apenas uma demonstração do que se pode conseguir quando se une talento à determinação absoluta e à certeza de que é possível chegar ao sucesso. São sete capítulos, e não é por acaso. Um homem de sucesso que se preza não deixa de lado intuições e uma pitadinha de superstição. Ensina aí, Parreira:

❝ O número 7 me traz... sorte! **❞**

Ricardo Gonzalez

Por que fazer este livro?

Sempre ouvimos dizer que o homem, para marcar sua presença aqui pela Terra, teria de ter um filho, plantar uma árvore e escrever um livro. Como já completei os dois primeiros desafios, faltava o último. Por que só agora, então?

Acho que a coragem e o impulso acabaram se materializando por influência das palestras que tenho feito para empresas ao longo destes últimos quatro anos, em que tanto as empresas como o público presente sempre se mostraram muito interessados em saber ou conhecer a fórmula mágica do sucesso – que, sabemos, não existe e, se existisse, seria diferente de uma pessoa para outra, de um entorno para outro ou ainda de uma cultura para outra. Percebi que, muito mais do que falar de futebol, todos estavam focados em saber como alguém como eu, que nunca atuou como jogador profissional, no chamado país do futebol, conseguiu dirigir a seleção brasileira em três oportunidades diferentes, comandá-la em mais de 120 jogos, participar de sete copas do mundo – quatro delas com a seleção brasileira – e conquistar dois títulos mundiais: um na copa de 1970, como preparador físico, e outro em 1994, como técnico. Sem dúvida, isso é uma conquista.

Foram muitas propostas e tentativas até que, finalmente, me rendi ao convite e aos argumentos do amigo Ricardo Gonzalez e da Editora BestSeller, que acreditavam estar mais do que na hora de contar um pouco das nossas experiências. Desde o início das conversações sempre argumentei que não seria relevante detalhar minha vida ou pensar em uma espécie de biografia, muito menos em um manual do tipo "Como chegar lá". Afinal, o que é chegar lá? Desse modo, optamos aqui por apresentar de forma concisa e objetiva alguns princípios e crenças que existem em qualquer situação de sucesso pessoal ou profissional – e que são, na verdade, seus ingredientes básicos: sonho, disciplina, foco, entre outros, e mostrar como usá-los de um modo apropriado para que se atinja o objetivo desejado.

Como existem milhões de jovens com aspirações idênticas às minhas – querendo encontrar um caminho que os conduza à realização profissional e pessoal, o que é diferente de sucesso –, pretendemos deixar muito claro desde o início que sucesso na vida não é privilégio dos artistas, craques do futebol e de outros esportes. Também as pessoas comuns, dentro de seu universo de atuação, podem ser bem-sucedidas de diversas maneiras.

A relutância em realizar este livro deveu-se simplesmente à minha incerteza ao olhar o mercado editorial, lotado de livros de auto-ajuda e fórmulas mágicas de como ser um vencedor e triunfar; alguns de excelente qualidade e outros apenas surfando na onda, sem nada a acrescentar. Como poderia contribuir com este mercado?

Tenho certeza de que os paradigmas que serão mostrados aqui não são absolutamente inovadores – são simplesmente fórmulas que ao longo dos tempos sempre tiveram resultado e que fazem parte do repertório de qualquer indivíduo ou empresa de sucesso.

Vamos contar a história do sonho de um menino que sabia que ia conhecer o mundo e que soube transformar seu desejo em realidade com muita dedicação, disciplina e trabalho.

Na elaboração deste livro recorri a vários autores de sucesso em diferentes áreas e, principalmente, as experiências vividas por colegas e outros profissionais. Procurei sintetizar meu projeto e minhas diretrizes, ou seja, aquilo em que acredito e que, sem dúvida, me ajudou a realizar meu sonho – o ideal de um professor de Educação Física, como tantos outros, que chegou lá.

INTRODUÇÃO

Que fique claro que não existem fórmulas ou receitas prontas, mas, se de algum modo, eu puder colaborar para a sua realização profissional e pessoal – e, por que não, seu sucesso – já acho que terá valido a pena ter apresentado a você estas idéias.

Carlos Alberto Parreira

O INÍCIO DA JORNADA

> "Todo homem é o arquiteto do seu próprio destino."
>
> APPIUS CLAUDIUS

Era para ser uma história "comum", no melhor sentido do termo. Era a segunda metade da década de 1930, o mundo se preparava para os tempos difíceis da guerra. Os sobreviventes preparavam a volta por cima. No Rio de Janeiro, a costureira gaúcha Geny conhecia o policial civil Ruy Gomes Parreira. Tal como acontece com muita gente, do conhecimento veio a amizade e logo o amor. Pode parecer contraditório, mas o romance acabou se intensificando quando Geny precisou voltar para o Sul e o contato com Ruy passou a ser por correspondência. Ao contrário. Prova disso é que ela decidiu criar raízes na Cidade Maravilhosa, casando-se com o amado.

A história "comum" continuaria com a primeira gravidez de Geny, que durou até um sábado, dia 27 de fevereiro de 1943, uma semana antes do carnaval. Começava ali uma outra história nada corriqueira, com final diferente da maioria das outras que não são exibidas no cinema: o "comum" viraria "sucesso", com final irretocavelmente feliz. Dia em que nasceu Carlos Alberto – o segundo filho do casal, Paulo Roberto, chegaria pouco mais de um ano depois.

Seguramente, a última semana daquele fevereiro foi um período fértil para vencedores. Mais do que isso: para vencedores com obstinação e com o hábito de não fazer alarde. Outro exemplar dessa espécie rara havia chegado ao mundo dois dias antes de Parreira, em Liverpool, Inglaterra. Era o futuro *Beatle* George Harrison, também número 1 em

Formando equipes vencedoras

sua carreira, talentoso como Parreira, discreto como o treinador da seleção brasileira.

Esses dois "craques" têm a calma e o equilíbrio como características. Calma e equilíbrio que andavam ausentes do mundo. No dia em que Parreira nasceu, o *Jornal do Brasil* estampava a manchete do que se passara na véspera, na Europa: "Sob violentos golpes da aviação aliada, retiraram-se os eixistas da Tunísia", complementando que a cidade alemã de Nuremberg estava "submetida a tremendo ataque aéreo".

O dia 27 de fevereiro de 1943 seria descrito pelo diário no dia seguinte com as manchetes "A coluna do general (soviético) Golikov avança pelo Nordeste de Kursk para completar o cerco (à cidade) de Orel" e "Modificações importantes nos altos postos do exército e do governo do Reich".

Um dia depois do nascimento de Parreira, o Exército brasileiro faria um exercício chamado "Alerta divino" contra possíveis ataques aéreos no calorento bairro de Bangu, próximo à casa de Geny e Ruy. O *Jornal do Commercio* anunciava no alto de sua primeira página "A captura de Orel" e o *Correio da Manhã* também estampava a manchete "Irromperam os russos pelas defesas de Orel".

Para quem preferia a cultura à guerra, os jornais divulgavam os horários das sessões de cinema, com, entre outros, os clássicos *A viúva alegre*, *Até que a morte nos separe*, o oportuníssimo *O grande ditador*, com Charles Chaplin, e o desenho animado *Dumbo*, de Walt Disney. E o *Correio da Manhã* publicava um anúncio com os locais de venda de ingressos para o grande baile do sábado de carnaval no Copacabana Palace, no dia 6 de março, uma semana depois do nascimento do pequeno Carlinhos.

O futebol, que seria o caminho para o sucesso do recém-nascido, tinha pouquíssimo espaço nos jornais do dia seguinte, domingo, dia 28. Apenas o *Jornal do Commercio* trazia pequenas notas sobre os amistosos Teresópolis x Vasco, Seleção de Friburgo x Botafogo, Olaria x Central de Barra do Piraí e, em São Paulo, Portuguesa x Flamengo, publicando a escalação da equipe rubro-negra (que seria bicampeã estadual da-

O INÍCIO DA JORNADA

quele ano), com Jurandir, Domingos da Guia e Newton; Biguá, Volante e Jaime de Almeida; Nilo, Sardinha, Bagre, Zizinho e Vevé. E o *Diário de Notícias* contava, num cantinho de página, que Zizinho renovara seu contrato com o Flamengo, e que o Botafogo inauguraria naquele domingo seu departamento de pugilismo.

Para ter sucesso, não é preciso nascer em berço de ouro

Parreira viveu seus primeiros meses de vida numa casa em Magalhães Bastos. Pouco tempo depois, com a situação financeira um tantinho melhor, a família mudou-se para outra casa, em Vila Isabel. Mas a vida começou a desafiar Carlinhos logo cedo. A situação mudou com a morte de Ruy, de enfarte, aos 29 anos, quando o menino tinha apenas dois. Dona Geny, com dois filhos no colo, teve de voltar ao subúrbio. Mudou-se para o conjunto habitacional IAPI, em Padre Miguel, onde, apesar das dificuldades, decidiu dar aos filhos o que seriam suas primeiras lições de vida, sobre como o esforço e a luta pela vida são recompensados. E Parreira aprendeu: dinheiro curto ou o fato de morar no subúrbio nunca foram problema para ele, que lembra:

66 Minhas lembranças da infância são as melhores possíveis, nunca tive nenhum trauma. Vida comum de menino de subúrbio, com brincadeiras na rua, muita bola, mangas roubadas do vizinho, atividades sempre saudáveis e cercadas de alegria. **99**

Nessa época, ele já percebia que, se sua família não levava vida de luxo, tampouco faltava o que é essencial em casa. E começou a introjetar na corrente sangüínea uma lição que hoje utiliza em suas palestras a empresários bem-sucedidos:

29

> **❝** Sucesso vem do latim *sucedere*, que significa seguir de perto ou vir após. É um conceito que varia em cada pessoa. Para mim, sucesso pode ser simplesmente superar obstáculos ou dificuldades. Pessoas comuns também podem triunfar. Exemplo: se uma pessoa conseguir pagar todas as suas contas no fim do mês. Não importa o quanto ela ganha. O que importa é se consegue pagar as contas de acordo com seu nível de vida. Ou uma mãe e um pai conseguirem criar os filhos e encaminhá-los na vida, mesmo que não seja luxuosa. Quem consegue isso é uma pessoa de sucesso. **❞**

Outra lição importantíssima, na qual filhos e estudantes têm em Parreira um exemplo definitivo, é a atenção absoluta que ele sempre deu ao estudo e à formação intelectual.

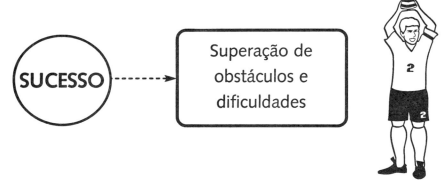

O aluno importa muito mais do que o local de estudo

Nos anos 1940 e 1950, o ensino público ainda não havia sido destruído pelo Estado, como hoje. Assim, era possível cursar o ensino fundamental e médio numa escola pública com total qualidade. Ainda assim, quando se vê um profissional chegar ao patamar de número 1 no que faz, é difícil acreditar que, como Parreira, esse profissional jamais tenha estudado em escolas particulares – a não ser o curso de in-

O INÍCIO DA JORNADA

glês que faria mais tarde, no Instituto Brasil-Estados Unidos (IBEU), na matriz da rua Almirante Barroso, no Castelo.

O antigo primário (da primeira à quinta série), Carlinhos cursou na Escola Pedro Moacyr, em Padre Miguel. O ginásio (da quinta à oitava série), na Escola Getúlio Vargas, e o científico (atual ensino médio), no Colégio Daltro Santos.

A importância capital da disciplina

66 As melhores lembranças que tenho da adolescência são os quatro anos do Getúlio Vargas. Lá, comecei a moldar minha personalidade. O diretor era um alemão, Emílio Stein, muito rígido. Mas também muito humano. Ali tínhamos de usar cinto, gravata, sapato engraxado, subir a rampa em forma, cantar o Hino Nacional; não se entrava em sala se chegasse atrasado. Eu convivia muito bem com isso, pois logo vi os efeitos positivos de se ter disciplina. Em quatro anos, cheguei atrasado à escola um único dia, por causa do meu ônibus que atrasou. Foram só cinco minutos. Mas não entrei. Tive de voltar para casa, e me senti como se tivesse morrido alguém da família. Até hoje, não consigo chegar atrasado a um evento. Daquela turma, quase todos nós continuamos amigos, e a maioria está muito bem encaminhada na vida por conta dos ensinamentos que tivemos lá. **99**

Parreira lembra, com humor, que essa sua certeza da importância da disciplina é tão forte que ainda hoje, às vezes, confunde alguns.

66 Há muitas pessoas que dizem e pensam que sou militar. Não sou. Minha disciplina vem das lições do diretor Emílio Stein. Não quis sequer me alistar no Exército depois. Achava que era uma coisa desnecessária na minha vida. Como era arrimo de família, não foi difícil ser dispensado. **99**

Nesse período, entre um dever de casa e outro, Parreira costumava ficar conversando sobre a vida com seu padrasto. O menino, volta e meia, comentava sobre um sonho recorrente:

– Vou conhecer o mundo – repetia o menino.

– Mas como? – indagava o padrasto, com quem Parreira sempre se relacionou bem.

– Não sei. Mas vou.

Já no antigo científico (da primeira à terceira série do atual ensino médio), Parreira começava a conviver com o que viria a fazê-lo alçar vôo rumo à condição de sinônimo de sucesso, e que faria seu sonho de conhecer o mundo virar realidade: a Educação Física. Ele conta, rindo:

66 Gostava muito daquelas aulas. Principalmente quando pagávamos alguma tarefa com flexões de braço. Sempre éramos observados pelas meninas, o que, para mim, era um estímulo. **99**

CONSOLIDANDO AS BASES DO SUCESSO

"Se queremos progredir, não devemos repetir a história, mas fazer uma história nova."

MAHATMA GANDHI

O namoro com a Educação Física começou a se aproximar de um casamento com a Copa de 1958 (não só o ano que não acabou, como diria o amigo Joaquim Ferreira dos Santos, mas também o ano em que, para Parreira, começou o que até hoje não acabou, seu sucesso). Aquela competição, acompanhada romanticamente pelos brasileiros por meio das ondas chiadas do rádio, pode ser considerada o marco zero do profissional Parreira.

❝ Não havia televisão naquela época, e tínhamos de ouvir e imaginar o futebol. A cada vitória do Brasil na Copa da Suécia, e, principalmente, na final (goleada brasileira contra os donos da casa por 5 a 2), eu assistia àquela festa do povo no bairro, nas ruas perto da minha casa. Verdadeira comoção, as pessoas chorando, se abraçando, emocionadas. Aquilo mexeu muito comigo. Logo chegaram aos cinemas as imagens da Copa através do Canal 100. Imediatamente minha atenção voltou-se ao trabalho do preparador físico Paulo Amaral. Fascinado pelo que assistia, decidi que era com o futebol que queria trabalhar e ser, como ele, preparador físico. ❞

A descoberta da vocação

Um fator-chave para atingir o sucesso
é bom senso.

Parreira queria trabalhar com futebol, sim. Mas jamais pensou em ser jogador, ao contrário da maioria dos meninos no Brasil. Sua paixão era mesmo a preparação física.

66 Minha obstinação é nata. Sempre mantive o foco nas coisas que fiz. Nas minhas palestras, costumo lembrar que, se você tentar caçar dois coelhos ao mesmo tempo, não conseguirá pegar nenhum deles. Nas peladas, eu jogava de zagueiro e goleiro, e sabia que não era dos melhores. Um dia, no cinema, quando vi no Canal 100 (noticiário que era exibido antes dos filmes, que sempre continha as imagens de algum jogo de futebol) o Paulo Amaral (preparador físico da seleção) treinando o Garrincha, o Pelé, não tive a menor dúvida: é isso que quero fazer na vida. Sempre falo em palestras sobre uma entrevista que li do ator espanhol Antonio Banderas. Ele conta que, ao ver a peça *Hair*, pensou para si: eu queria estar ali. E eu vou estar ali. E hoje, como se sabe, Banderas é um dos atores de maior sucesso tanto na Espanha como na meca do cinema, Hollywood. 99

A ruptura dos paradigmas

Ao ter a certeza de que a Educação Física era o meio de vida que o faria feliz, Parreira não hesitou em contrariar até mesmo os sonhos... de sua mãe. Alentando todos os que também não seguiram essas três profissões, ele conta:

CONSOLIDANDO AS BASES DO SUCESSO

" Era uma época em que as famílias só acreditavam existir três profissões: médico, engenheiro e advogado. Eu sei que decepcionei minha família ao escolher a Educação Física. "

Mas mesmo para dona Geny a decepção duraria pouco. A Escola Nacional de Educação Física (hoje integrando a UFRJ) era o único centro de ensino superior nessa área. E ela viu, orgulhosa, o filho Carlinhos prestar vestibular e ser aprovado. A universidade foi outra época muito feliz para Parreira, que ficou com a mesma turma nos quatro primeiros anos, até iniciar o curso de especialização.

Será que os jovens de hoje têm consciência da importância do investimento pesado na educação e no esforço pessoal para vencer na vida? – costuma perguntar o hoje professor Parreira.

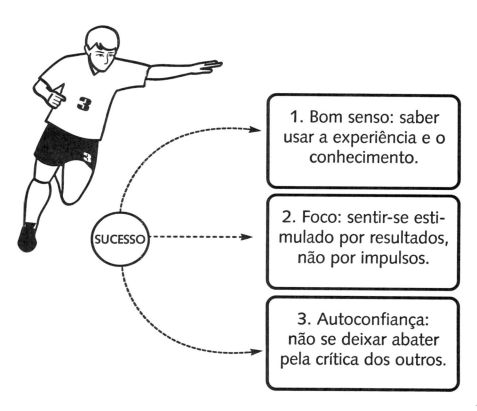

SUCESSO

1. Bom senso: saber usar a experiência e o conhecimento.

2. Foco: sentir-se estimulado por resultados, não por impulsos.

3. Autoconfiança: não se deixar abater pela crítica dos outros.

Mesmo naquela época, quando havia maior responsabilidade do que se vê hoje com relação aos estudos, muitos alunos privilegiavam estágios em clubes, nos períodos mais adiantados do curso, deixando as aulas de lado.

A importância da adoção de um método

Parreira conseguiu fazer o curso inteiro de Educação Física sem faltar um dia sequer às aulas. Acordava diariamente às cinco horas da manhã, pois sabia que o trem passava pontualmente às seis pela estação de Realengo, e ele precisava pegá-lo para, em seguida, na Central do Brasil, tomar o ônibus (107, Central–Urca) e chegar às sete horas no campus da Praia Vermelha. Durante o curso, teve diversas oportunidades de fazer estágios, mas não quis, pois isso o levaria a perder aulas.

Sonhar X Trabalhar duro

66 A descoberta de como transformar meu sonho em realidade me deu motivação para trabalhar duro e não apenas ficar sonhando acordado. Hoje, sei com toda a certeza de que quem chegou ao topo começou com um sonho. Ícaro, um dia, sonhou que iria voar, voou e sua morte acabou fazendo com que, tempos depois, o homem voasse de fato. Veja o exemplo de Walt Disney: o império que ele criou mobiliza hoje 22 bilhões de dólares por ano. E tudo começou com um simples camundongo. **99**

Transforme sonhos em projetos, sejam eles grandes ou pequenos. Pense grande e mobilize energias para concretizar seus pensamentos.

CONSOLIDANDO AS BASES DO SUCESSO

O estudante Carlos Alberto Parreira sabia dosar muito bem seus momentos de lazer e o comprometimento com os estudos. Fazia o que todos também faziam: ir à praia, ao cinema, jogar futebol, namorar. Mas também tinha consciência da necessidade de ir a clubes de futebol observar o treinamento dos jogadores e o trabalho dos preparadores físicos e cumpria rigorosamente esta rotina, mesmo que fosse necessário abrir mão de um passeio ou de uma festinha. Pelo sim, pelo não, também cuidava do próprio físico – afinal, nunca se sabe quando vamos precisar dele e gostava muito de malhar.

Não media esforços para adquirir conhecimento, ia aos jogos ou treinos pegando carona em caminhões quando o dinheiro era mais curto. A questão era: as oportunidades são raras e, quando elas surgem, é preciso estar bem preparado. Seguia, sem saber, os preceitos do técnico de futebol americano universitário Joe Paterno – cujas obras Parreira só foi ler anos mais tarde –, e que costumava repetir aos seus jogadores nos anos 1950: "A vontade de vencer é importante. Mas a vontade de se preparar é fundamental."

Sobre isso, Parreira costuma citar hoje em dia a seus comandados um ensinamento de outro de seus gurus: Vince Lombardi (1913-1970), que tirou a equipe do Green Bay Pacers da terceira divisão do futebol americano e a transformou no grande time da NFL nos anos 1960 – foi, sem dúvida, o mais carismático líder da história do futebol americano: "A motivação para se preparar é mais importante do que a preparação para vencer."

Esteja pronto para o sucesso

É melhor se preparar e a oportunidade não surgir do que a oportunidade surgir e você perdê-la por não estar preparado.

Formando equipes vencedoras

Ainda com o dinheiro curto, na metade do curso de Educação Física, começou a ficar complicado para dona Geny manter a casa com os dois filhos adultos. Nessa época, Parreira decidiu ajudar. Prestou concurso para a Secretaria Estadual de Fazenda e, com a dedicação já conhecida por todos, foi aprovado. Estudava de manhã, trabalhava à tarde e fazia o curso de inglês à noite. Ele lembra:

66 Hoje pode soar estranho. Mas, na década de 1960, um curso de inglês fazia toda a diferença do mundo no currículo. Tanto que hoje, nas raras ofertas de bons empregos, já se exige domínio de uma terceira língua. É tão desnecessário citar que é preciso falar inglês quanto que é preciso falar português. **99**

Ainda durante o período em que estava na universidade, Parreira daria um outro exemplo a ser seguido pelos estudantes. Ele poderia ser hoje um auditor, um fiscal da Secretaria de Fazenda, estaria ganhando bem e certamente teria sucesso nessa área. Mas ele gostava mesmo era do ambiente acadêmico. Conseguiu, então, se organizar para estudar para o concurso da Secretaria de Educação. Workaholic, Parreira comenta:

66 Passei e larguei a Fazenda. **99**

No último período, faltando pouco para ele chegar ao sonho de se formar em Educação Física, um episódio ficaria marcado para sempre na cabeça do estudante Carlinhos – e aí ele entendeu o lado positivo do apelido "Abdominal". Para conseguir o diploma, ele tinha de fazer uma prova de educação física, que consistia em atravessar nadando uma piscina de 50 metros. Mas havia um "pequeno" problema: ele não sabia nadar.

66 Não tinha jeito, era fazer a prova ou não concluir o curso. Cheguei, olhei a piscina, e comecei a avaliar a situação. Eu tinha

CONSOLIDANDO AS BASES DO SUCESSO

de atravessar, não precisava ter estilo, nadar bonito. Eu era muito forte, tinha boa musculatura nos braços, pernas e abdômen. Se acontecesse algum problema, morrer eu não ia, pois todos os meus amigos estavam lá para me apoiar e alguém me salvaria. E fui, sem medo. **"**

Pode até ter sido sem medo, mas nunca uma piscina pareceu tão comprida para um nadador – os 50 metros transformavam-se em 200 metros aos olhos do aluno. Mas Parreira focava seu objetivo, a borda do outro lado da piscina. Nada além disso ocupava sua mente naquele momento.

" Atirei-me na água, fui batendo braços, pernas, tentando respirar, aos trancos e barrancos. **"**

O fôlego começava a faltar, os músculos, com a tensão, começavam a doer. Mas o incentivo dos amigos ajudava Parreira a seguir em frente. Ele conseguia ouvir a turma lá fora gritando: "Vai, Carlinhos", "Força, Carlinhos". E chegou lá.

" Saí da piscina e a inspetora olhava para os professores e dizia: 'E agora, o que é que eu faço? Aprovo?' Claro que aprovou. E Parreira conseguia ali seguramente o primeiro 'título' de sua carreira, que viria a lhe dar o tão sonhado diploma. **"**

Além dessa preparação, é preciso ter certeza do que se quer e, como ensina Parreira, estar disposto a "pagar o preço".

" Muita gente não sabe o que quer, e assim não se vai a parte alguma. Outros sabem o que querem, mas não se preparam. Outras vezes, sabem o que querem, preparam-se, mas não estão dispostos a pagar o preço, o que significa tomar a iniciativa! **"**

41

Formando equipes vencedoras

Não tema os desafios

Parreira teve de tomar essa iniciativa aos 24 anos, quando viveria a segunda experiência – após a descoberta da vocação – que definiria o rumo de sua carreira. Em 1967, já formado, Parreira levou seu currículo ao São Cristóvão, onde conseguiu o primeiro emprego no futebol: virou preparador físico do time de profissionais e, com a especialização que tinha na profissão de treinador de futebol, também dirigia o time de juniores.

Construa relacionamentos desde cedo

Próximo ao fim do primeiro semestre daquele ano, o governo de Gana fez um intercâmbio com o Itamaraty, com o intuito de conseguir um treinador para a sua seleção principal de futebol. Como o esporte era incipiente no país africano, esse cargo era público – o treinador era um funcionário do Estado, por isso a negociação era entre os governos. O Itamaraty delegou a escolha ao órgão competente – a Escola Nacional de Educação Física e Desportos –, o único no Brasil que, à época, formava treinadores. Adivinhem quem foi indicado por todos os professores (especialmente Júlio Bruno, um dos mais entusiastas do potencial de Carlinhos), que reconheciam no escolhido toda a competência e possibilidade de sucesso na África?

Aproveitar as oportunidades sem medo de pagar um preço alto

Num domingo de rodada dupla no Maracanã, o São Cristóvão jogava a preliminar. Após esse jogo, Parreira subiu à tribuna para ver o jogo de fundo quando foi abordado por Roberto Machado, do Itamaraty, hoje seu amigo. Após as identificações, seguiu-se o diálogo, curto e grosso:

CONSOLIDANDO AS BASES DO SUCESSO

– O senhor gostaria de trabalhar como técnico da seleção de Gana?

– Sim.

– O senhor teria disponibilidade de seguir para esse país de imediato?

– Sim.

– Ótimo. Então, amanhã o senhor pode passar no Itamaraty e fazer uma entrevista com o senhor Jório Dauster, a fim de obter os detalhes.

Alguém pode se apressar e pensar: Ah, mas a remuneração para um trabalho quase diplomático, no exterior, devia ser muito boa. Errado. Parreira teria local para comer, dormir e como se locomover em Gana. Mas, fora isso, seu salário era de cem dólares. Ele explica a rapidez da negociação, apesar das condições aparentemente negativas:

66 Eu não era casado, portanto, não tinha nenhum compromisso aqui. Tinha a possibilidade de me licenciar da Secretaria de Educação. Queria fazer isso, pois, naquela época, um professor ganhava bem no Brasil. E avaliei rapidamente que, apesar das dificuldades que eu pudesse ter por lá, aquela era uma chance de ouro na minha carreira e na minha vida. O importante não eram os cem dólares, mas sim a oportunidade de entrar em ação. Quantas pessoas se preparam, estudam, têm a oportunidade, mas não querem pagar o preço, não querem entrar em ação? Às vezes, o profissional recebe um convite para trabalhar no exterior e foge do desafio, tem medo. Ou, então, não percebe que é preciso começar de baixo, muitos acham que podem começar a vida como presidentes da empresa. Quantos grandes jogadores começaram a ralar com oito ou nove anos, nos fraldinhas, e chegaram à seleção? Em Gana, muitas vezes eu sofri horrores sozinho e com saudade da família! Ali aprendi a ser homem. Aprendi a não ter medo da dificuldade. Hoje posso dizer, sem medo de errar, que sou um homem feliz, pois nas duas profissões que abracei, preparador físico e técnico de futebol, venci. Na primeira, fui campeão do mundo em 1970, e na segunda fui campeão do mundo em 1994. 99

Parreira costuma contar uma outra história de sucesso bastante curiosa, que ilustra bem a questão da oportunidade e da iniciativa. Às gargalhadas, Parreira relata:

❝ Quem conta é Washington Olivetto. Diz ele que conseguiu seu primeiro emprego depois de ter tido um pneu furado em frente a uma agência de propaganda, na rua Itambé, nunca me esqueço. Ele entrou na agência para pedir ajuda. Tinha um cabelo comprido, uma figura que chamava a atenção. Disse à recepcionista: 'Quero falar com o dono.' Por acaso, o dono da agência estava passando ali naquela hora. Impressionado com o desprendimento de Olivetto, o dono disse: 'Sou o dono, o que você deseja?' Sem pestanejar, Olivetto mandou: 'Eu gostaria de um emprego. Acho que tenho boas idéias, que vocês vão gostar do meu trabalho. E tem mais: aproveitem, porque não é todo dia que meu pneu vai furar em frente à sua agência!' **❞**

Parreira arremata lembrando que o dono deu o emprego a Olivetto.

AMPLIANDO HORIZONTES

> "Cultive as suas visões e os seus sonhos como se fossem filhos da sua alma; são as sementes das suas realizações."
>
> NAPOLEON HILL, autor de *Pense e enriqueça*

A experiência de trabalhar em dezenas de países deu

a Parreira duas coisas fundamentais: visão ampla sobre diferentes possibilidades de relações humanas e possibilidade de se tornar conhecido e reconhecido por mais pessoas.

A importância de se construir uma boa rede de relacionamentos

Como treinador da seleção profissional de Gana, Parreira teve acesso a contatos que seriam fundamentais em sua carreira. Um exemplo foram os técnicos ingleses que trabalhavam naquele país e nas nações vizinhas, de quem Parreira se tornou amigo. Tais contatos o levaram a ser convidado para estágios em clubes britânicos. Além disso, ele teve o cuidado de sempre juntar o pouco dinheiro que ganhava para reinvestir em sua própria carreira – nesse aspecto, a falta de opções de atrativos turísticos e de lazer em Gana ajudava muito.

Assim, em 1968, quando a preparação física ainda engatinhava no Brasil, além do diploma universitário, ele já havia realizado um curso na Lower Saxon Football Association, em Hannover, e tinha certificados de estágio em futebol no Chelsea e no Tottenham, clubes de ponta do futebol inglês. Outra experiência marcante foi quando a Alemanha foi jogar um amistoso em Gana. Brasileiro, com domínio da língua inglesa,

Formando equipes vencedoras

Parreira ajudou a recepcionar os alemães no país africano. A impressão que causou nos visitantes foi tamanha que ele recebeu o convite para fazer um curso no Lower Saxon Football Association naquele mesmo ano – 1968.

Parreira foi à Alemanha, onde conheceu o técnico Helmut Schöen, que seria campeão do mundo em 1974. E, por uma dessas felizes coincidências da vida, estava em terras alemãs quando a seleção brasileira foi disputar um amistoso por lá. Ao chegar ao hotel dos brasileiros para uma visita de cortesia, Parreira reencontrou um de seus professores na Escola Nacional de Educação Física, Admildo Chirol, que era preparador de nossa seleção e o recebeu calorosamente:

– Ué, Carlinhos, o que você está fazendo aqui? – indagou Chirol.

– Sou técnico de Gana e estou fazendo cursos de especialização na Alemanha.

Pronto. Estava aberto o caminho para outro "casamento" na vida de Parreira: com a seleção brasileira. Nos cursos que fez no exterior em 1968, Parreira aprendeu a importância do conhecimento teórico do futebol e, principalmente, a utilização de recursos audiovisuais na preparação das equipes. Com equipamento próprio, Parreira começou a produzir slides de partidas de futebol, trazendo esse trabalho de modo pioneiro para o Brasil, o que permitia visualizar com clareza como jogavam os adversários – nunca é demais lembrar às gerações de hoje que, nos anos 1960, não existiam equipamentos de alta tecnologia, tais como videocassetes, microcomputadores ou DVDs.

> 66 A 'fortuna' que acumulei, ou seja, os 2.500 dólares que ganhei em Gana, preferi investir na minha carreira e pagar o curso na Alemanha e os estágios na Inglaterra, em vez de voltar para o Brasil e comprar um carro, por exemplo. Foi uma excelente decisão, mas não foi por acaso. 99

O APOIO DA FAMÍLIA

> *"Somente a vontade do homem mede a distância entre o possível e o impossível."*
>
> AUTOR DESCONHECIDO

Ninguém deve se iludir quanto ao conceito de sucesso absoluto. Ninguém ganha tudo sempre. Pode-se ganhar muito, ao se ter a consciência de que algo fica para trás. Para ser o número 1 em sua carreira, ele teve de fazer algumas adaptações e conciliações com a família, que muitos não estariam dispostos ou não conseguiriam fazer.

Desde a infância, Carlinhos tinha uma vizinha em Padre Miguel, a menina Leila. Sempre foram amigos dentro dos limites que os anos 1960, num bairro de subúrbio, permitiam a um homem e uma mulher. Nunca haviam trocado muito mais do que duas ou três palavras simpáticas, até Parreira começar a ganhar a vida em Gana.

Na volta, em 1969, Leila continuava no mesmo endereço e seu novamente vizinho estava solteiro e disponível. Um amigo, Walmir, hoje compadre do treinador, namorava uma colega de trabalho de Parreira na Secretaria de Educação do Rio. Um dia, essa colega conseguiu quatro ingressos de camarote para o Teatro João Caetano, onde era encenada a peça *Irma La Douce*, e Walmir avisou:

– Carlos, arranja uma moça pra te acompanhar.

Parreira convidou uma professora, outra colega de trabalho. Mas no dia da peça, pela manhã, o professor Parreira estava lavando seu fusquinha em frente à sua casa quando observou a vizinha Leila na janela. Bateu aquela intuição que mudaria, de novo, a vida de Parreira. Ele a chamou e disse:

– Quero falar contigo!

Leila, incrédula, olhou em volta para ver se era com ela mesma que Parreira queria falar. E como era! Ela desceu, ouviu o convite e, apesar de ficar bastante lisonjeada e pronta a aceitar, como era de praxe, fez cera.

– Vou ver. Confirmo mais tarde.

Descrente de obter sucesso na investida, Parreira seguiu para o estádio de Moça Bonita, em Bangu, para ver o time de juniores do seu Fluminense jogar. Ao voltar para casa, recebeu o recado de que Leila aceitara. O "conquistador" Parreira assim resume o episódio:

> **66** Não acreditei. Pensei: agora vou ter que desmarcar com a outra. Liguei e a 'outra' já estava no cabeleireiro, se arrumando para sair. Inventei uma desculpa para a mãe dela, e fui com a Leila. A partir dali, começou o namoro, que dura até hoje. **99**

Em setembro de 1971, já campeão do mundo com a seleção brasileira, com o bom salário de professor e estabilizado como preparador físico do Fluminense, Parreira casou-se com Leila, em condições de dar à amada uma vida digna e confortável – em 2006, são 35 anos de união.

Em 1974, veio a primeira herdeira, Vanessa. No quinto ano do matrimônio, em 1976, Parreira e Leila tiveram de começar a organizar a nova estrutura familiar, que possibilitaria, em grande parte, o sucesso como treinador, sem abalar os elos com sua família. Vanessa já tinha dois anos de idade quando Parreira aceitou o convite do amigo Zagallo para trabalhar com ele na seleção principal do Kuwait. Não havia como recusar. As diferenças culturais com relação ao Brasil eram grandes, mas a remuneração, com os famosos petrodólares, era a porta de entrada para o sucesso na profissão.

– A Vanessa viajou depois para o Kuwait com a Leila. Eu havia ficado durante os dois primeiros meses sozinho, arrumando a casa. Vanessa era pequena, teve de deixar aqui os avós e as amigas, não foi fácil.

O APOIO DA FAMÍLIA

Em 1977, nasceu mais uma paixão do clã dos Parreira, Danielle, que logo com cinco meses conheceu o vaivém dos aeroportos no trajeto Brasil – Kuwait. Vencer esse jogo – as saudades do Brasil e as dificuldades num local tão diferente – foi outra das grandes conquistas de Parreira.

66 No começo, foi muito difícil. Naquela época, eram poucos brasileiros, não havia diversão, éramos só eu, Leila e as meninas em casa. A Leila sentia muita dificuldade, apesar de termos levado a nossa empregada para o Kuwait também.* Eu sou meio camaleão, então tive menos problemas para me adaptar. Para viver bem em qualquer lugar, você tem que respeitar os valores políticos, religiosos e até culinários da sociedade. Ela já possui hábitos arraigados, não é você que vai mudá-los. 99

O que não faltam a Parreira são histórias sobre as diferenças culturais, com as quais ele e Leila tiveram de conviver e se adaptar. Parreira era quase sempre convidado pelos xeques no mundo árabe para jantar. Nesse evento, todos se sentam no chão e a mesa é forrada com jornais ou toalhas de plástico. Lembrando que falamos da casa de um príncipe! As pessoas servem os pratos no chão e não há talheres. Come-se com a mão mesmo.

66 Ver as pessoas comendo com a mão me agrediu muito no começo. Depois, aprendi que eles fazem isso há milhares de

---

* Em dezembro de 1997, estive em Rhiad, Arábia Saudita, fazendo a cobertura da Copa das Confederações para o jornal *O Dia*. Quem teve essa experiência tem mais facilidade de entender o que Parreira viveu no Kuwait. Nas culturas mais fechadas do chamado "mundo árabe" as mulheres ficam em um plano inferior na sociedade, na maioria dos países elas não têm sequer carteira de identidade, não podem sair desacompanhadas, não podem mostrar partes do corpo, somente mostram os pés e, em alguns países, os olhos, não podem entrar em estádios de futebol e, em uma mesa de restaurante, só são servidas se estiverem acompanhadas do marido ou do pai. No início dos anos 1980, quando começou a aumentar a quantidade de brasileiros trabalhando lá, foram criados condomínios fechados e um pouco afastados do centro, onde as autoridades faziam uma espécie de vigilância com tolerância e as famílias estrangeiras podiam, pelo menos, ir às casas das outras com mais liberdade. (N. do A.)

anos, por que mudar? Eu não comia com as mãos, mas já não me ofendia ao vê-los fazer isso. **"**

Outro aspecto polêmico na Arábia é que lá tudo pára umas cinco vezes por dia para que as pessoas rezem. Nessa hora da reza, fecham os bancos, o comércio, a indústria, pára o treino... Mais difícil é a situação das mulheres, que passam por muitas dificuldades no mundo islâmico, sob o ponto de vista ocidental. Sempre com o rosto coberto, não podem ir a festas e os maridos não as apresentam.

" Elas são objetos e não adianta querer mudar isso. Não dirigem, não trabalham, não vão ao cinema. Mas em um ano eu estava adaptado a tudo isso. Mas, mesmo assim, às vezes eu cometia umas gafes. Havia um xeque que gostava muito de mim e eu queria lhe dar um presente do Brasil. Como era um homem que tinha tudo, o que eu poderia lhe dar que ele já não tivesse? Passei um mês esquentando a cabeça com isso. Até que passei por Copacabana e encontrei aqueles trabalhos com pedras. Comprei a mais cara, era uma coruja. Quando ele abriu o presente e viu o que era, fez uma cara que misturava espanto e decepção. Ali fiquei sabendo que, na Arábia, a coruja é o símbolo do azar. Mas, felizmente, ele entendeu que no Brasil é símbolo de sorte. **"**

A partir de 1978, o casal – leia-se, a dedicada Leila – decidiu abrir mão da convivência diária em troca de conseguir manter uma família sólida e unida. As meninas eram pequenas, ainda não tinham problemas na escola, e ela passou a ficar com as filhas três meses no Brasil e três meses no Kuwait, alternadamente. Mas mesmo quando estava na capital kuwaitiana, às vezes ela ficava sem o marido. Às vésperas da classificação para a Copa de 1982, na semana que antecedeu o penúltimo jogo da eliminatória asiática para a Copa – jogo no qual o Kuwait se classificaria pela primeira vez para o Mundial –,

O APOIO DA FAMÍLIA

os jogadores avisaram a Parreira que não iriam se concentrar. Pouco depois o telefone tocava na residência dos Parreira. Leila atendeu e ouviu do marido: "Leila, me esqueça essa semana. Se eu não me concentrar com eles, eles não vão ficar e nós vamos perder a chance de ir à Copa. E eu não vou jogar isso fora, não. Ir à Copa do Mundo é algo muito importante."

E Leila esqueceu, depois festejou a conquista com o marido, que, no fim do ano seguinte (1983), daria um descanso à família e voltaria ao Brasil.

Mas a aventura em terras do Oriente não havia acabado. Na segunda ida de Parreira para lá, em 1985, após a sua primeira participação como técnico da seleção brasileira, Vanessa e Danielle já eram adolescentes. E Parreira trabalhava agora nos Emirados Árabes Unidos, um país, entre os islâmicos, de costumes um pouco menos fechados e rígidos. Por isso, foi mais fácil as jovens aceitarem com tranqüilidade o *modus vivendi* proposto pelos pais:

> 66 Elas três ficavam comigo seis meses, a partir do final de novembro, após encerrar o ano letivo, e isso era possível pois sempre foram muito estudiosas e passavam de ano sempre direto. Ficavam lá em dezembro, janeiro, fevereiro, março, abril e maio. Lá estudavam no Anglo-americano e, em junho, quando eu tirava férias na temporada do futebol, voltávamos ao Brasil e elas estudavam aqui até novembro, quando o ciclo recomeçava. 99

Essa rotina cansativa, até por ter durado mais de três anos – até 1988, quando Parreira passou a dirigir a seleção da Arábia Saudita, um dos países mais fechados a mudanças com relação à mulher, apesar de ser uma das nações politicamente mais ligadas ao Ocidente –, não provocou qualquer grande problema na vida escolar das filhas de Parreira. Mas não se passa por tudo isso incólume.

55

Transformar os inevitáveis reveses em pontos positivos

O pai Parreira sentia uma compreensível ponta de culpa pelas ausências e acabava deixando para Leila as tarefas em que era preciso dizer "não".

" Como ocorre com todo casal em que o homem trabalha fora do país, em razão das ausências forçadas, a mãe acaba sendo a responsável pelos filhos. Com isso, a 'durona' da casa é a mãe. O pai, quando está, sempre diz sim. Por conta da ausência, você não tem força moral para dizer não o tempo todo. A psicologia explica isso como uma compensação. **"**

Independentemente das ausências, Parreira soube criar uma relação quase perfeita dentro desse modelo de vida, e não esquece sua fé ao agradecer pelo sucesso – talvez o único campo em que ele sinta essa obrigação.

" Nunca bati nas minhas filhas. Nunca foi preciso. Tenho que agradecer a Deus por ter me dado uma família tão bacana. As meninas são educadas, disciplinadas, 'pé-no-chão', você jamais as encontrará em um evento desses de badalação. **"**

Uma família estruturada como base da vitória

Se pudesse quantificar em números a importância do papel de sua família para Parreira se transformar em sobrenome de sucesso, ele não hesitaria em cravar cem por cento.

Parreira sempre mostra em suas palestras uma declaração da tenista russa Maria Sharapova, milionária aos vinte anos de idade, para

O APOIO DA FAMÍLIA

quem "o tênis não é a coisa mais importante na vida. Muito mais importante do que ele são a família, a saúde e os amigos".

Ter uma companheira como Leila, que entendeu as necessidades profissionais, foi algo decisivo para o sucesso de Parreira. Ela optou por deixar o restante de sua família e uma carreira profissional em segundo plano naquele primeiro momento, priorizando acompanhar Parreira e cuidar das duas filhas enquanto ele estivesse construindo o caminho do sucesso. Também para Leila esse sacrifício equivaleu a pagar um preço. Parreira assinala:

66 Não foi fácil ficar afastado, às vezes três ou seis meses. A gente sempre se gostou muito e se gosta até hoje. Mas soubemos conduzir a relação de modo que a distância reforçasse os laços de amizade. Em todo reencontro, a emoção, a amizade e o amor voltam bem fortes. É cada vez mais forte. **99**

Parreira e Leila colhem agora talvez o principal fruto dessa história toda: a neta Letícia, filha de Vanessa. É o primeiro bebê na família depois de trinta anos – o irmão de Parreira é casado, e tem filhos adultos.

66 Eu só a conheci uma semana depois que nasceu. Ser avô é a melhor coisa do mundo. É melhor do que ser pai. Não há um dia em que não saia da CBF sem passar na casa dela. Quando não consigo fazer isso, fico louquinho. **99**

DE PREPARADOR FÍSICO CAMPEÃO A TREINADOR

> "O que as vitórias têm de ruim é que elas não
> são definitivas. O que as derrotas têm de bom é
> que elas não são definitivas."
>
> José Saramago

O futebol surgiu na vida de Parreira na infância, por falta de opções. Morava longe do Maracanã, não tinha dinheiro para ir ao estádio. Foi algumas vezes com seu tio, mas era raro – embora inesquecível. Em seu bairro, Padre Miguel, não havia quadras de vôlei nem de basquete. E futebol, como se sabe, dá para se jogar no meio de qualquer rua com pouco trânsito. Parreira e seus amigos jogavam peladas quase todos os dias, descalços mesmo.

Apenas no domingo à tarde é que a coisa ganhava ares quase oficiais para os pequenos Didis, Didas, Garrinchas e Zagallos. Eles jogavam uma partida num campinho de terra, mas aí já devidamente calçados – não era pouca coisa, não.

Depois de ser um jogador apenas mediano no Novo México, time do antigo Departamento Autônomo do Rio ("Jogava às vezes como zagueiro e, quando necessário, como goleiro", lembra ele, admitindo que seu talento com os pés não era dos maiores), Parreira dedicou-se à conclusão dos estudos, a uma breve e já citada passagem pelo São Cristóvão e ao primeiro trabalho numa seleção, a de Gana.

Na África, Parreira ganhou ainda mais experiência. Com a seleção de Gana, chegou à final das copas africanas de seleções e de clubes e acabou derrotado numa final confusa contra o Congo, que também era dirigido por um estrangeiro, o húngaro Ferenc Csanad. Parreira dirigiu ainda o clube Kotoko, que tinha a maioria dos jogadores da sele-

Formando equipes vencedoras

ção – e ele não teve como recusar o convite dos cartolas locais. No clube, Parreira também chegou à final da Copa de clubes campeões da África. Na final, outro confronto contra um time do Zaire, no campo do adversário. E esse jogo foi um drama só, segundo relata Parreira:

66 Não ganhamos no campo porque a final foi no Zaire, o estádio lotado, o árbitro completamente pressionado, com a presença do exército local no estádio. O Kotoko estava ganhando de 2 a 1 e, quase no fim, meu zagueiro dominou uma bola no peito, o árbitro disse que foi com a mão e deu pênalti. Aí ficou 2 a 2. No fim da prorrogação, o árbitro disse que a decisão sairia na moeda, mas foi uma invasão de campo, um mundo de gente, o caos se instalou e não havia como fazer mais nada. Depois ficamos sabendo que fora marcado um terceiro jogo e ninguém nos avisou. O time do Zaire foi declarado campeão, mas eu também me considero campeão daquela taça. **99**

Apesar de todo o sucesso, ele decidiu voltar ao Brasil em 1968. Já se sentia seguro para trabalhar aqui.

66 Mas, felizmente, o pessoal de Gana queria que eu ficasse, e acho que até hoje, se eu quiser trabalhar por lá, as portas estarão abertas. **99**

A volta por cima no regresso ao Brasil

No fim de 1968, Parreira começou sua brilhante trajetória no futebol brasileiro: foi como preparador físico do Vasco da Gama. Na ocasião, o clube da Colina havia perdido a final do Estadual para uma máquina de jogar bola chamada Botafogo. O técnico vascaíno, Paulinho de Almeida, e seu preparador, Paulo Baltá, deixaram, então, o clube.

DE PREPARADOR FÍSICO CAMPEÃO A TREINADOR

No início da temporada de 1969, foi contratado o técnico Evaristo de Macedo, que não tinha preparador físico.

O tio de Parreira, Alexandre Gomes Parreira, era responsável naquela época pelas oficinas da Automodelo, uma das maiores concessionárias de automóveis da Volkswagen no Rio, que pertencia ao empresário Roberto Osório. A família deste, por sua vez, era ligadíssima ao Vasco e ao então presidente Reinaldo Reys. "O Vasco está precisando de um preparador físico? Meu sobrinho está acabando de chegar da Europa."

Estava feita mais uma vez a ponte. Parreira foi a São Januário acertar com o presidente do clube, por indicação de Osório.

> 66 Eu já tinha 26 anos, mas meu rosto era muito de menino e o Reinaldo, inseguro com a minha idade, optou por fazer um teste comigo. Ele disse: 'Olhe, pode ser que você não goste ou não se adapte ao Vasco. Vamos fazer uma experiência, um contrato de um mês, e ao final eu te digo se continuamos ou não.'
>
> Com uma semana de trabalho ele me propôs estender o contrato por dois anos. Aquilo, vindo de um presidente, uma pessoa experiente no futebol, me deu muita confiança. Mais do que a qualidade do meu trabalho merecia. 99

Apesar dessa qualidade, o Vasco acabou não chegando ao título naquele ano. Parreira admite:

> 66 Fizemos as coisas certas, o Evaristo é um grande profissional, mas o Vasco não tinha time para ser campeão. 99

Admitir um revés pode ser o início de uma nova grande conquista

No fim de 1969, Parreira foi chamado por Reinaldo Reys. O presidente estava sendo pressionado pela torcida e pelos conselheiros a tro-

Formando equipes vencedoras

car tudo no futebol vascaíno. Mas o presidente só não abria mão de Parreira, nem que fosse para voltar a trabalhar nas categorias de base. Mas o menino havia virado homem na África e tomou uma decisão corajosa: não aceitou descer. Na época, não sabia se era a melhor decisão, mas estava certo de ter atingido um nível que não lhe permitia mais sair do profissional para o amador.

Ao sair de São Januário, Parreira chorou. Muito. Cada lágrima era uma mistura de decepção e raiva.

❝ Mas aquele choro foi um antídoto contra outros insucessos. Vi que perder é muito ruim e passei a me esforçar ainda mais para vencer. **❞**

O primeiro sentimento foi de decepção. "Carlinhos" chegou a dirigir o time do Colégio Estadual Daltro Santos, no Torneio Intercolegial. Mas logo percebeu que o futebol estava em seu sangue, e que era uma bobagem desistir diante da primeira grande derrota na vida. Pegou seu currículo e foi bater à porta do Fluminense, como se sabe, seu time de coração. Parreira conhecia o diretor tricolor Carlos Eugênio Lopes (o Carlô, hoje diretor-jurídico da CBF), que lhe indicou o caminho das pedras, e lembra saudoso:

❝ Fui muito bem recebido e, logo em dezembro de 1969, surgiu uma oportunidade para trabalhar no time de aspirantes. Mas, no início do ano, o técnico do time principal, que era o Telê Santana, deixou o clube junto com o preparador físico, Antônio Clemente. Eu fui promovido ao time de cima para trabalhar, vejam vocês, com Paulo Amaral, meu ídolo da Copa de 1958, o homem que me fez querer trabalhar com futebol, que estava começando como treinador. **❞**

DE PREPARADOR FÍSICO CAMPEÃO A TREINADOR

A primeira conquista de ponta como preparador

Mas o trabalho no Fluminense teve de ser adiado para o segundo semestre. Quando ia assumir a equipe tricolor, o aluno do professor Admildo Chirol seria chamado pelo mestre para ser seu auxiliar num trabalho que entraria para a história do futebol mundial: a seleção brasileira na Copa do Mundo de 1970.

Parreira, como sempre, aceitou prontamente o desafio. E, ao lado de Chirol e do capitão do exército Cláudio Pêcego de Moraes Coutinho, transformou o trabalho físico de adaptação à altitude do México (local da competição) em referência mundial para esse tipo de preparação. Em linguagem de arquibancada, o time estava "voando" na Copa.

Além do enorme talento de uma geração comandada pelo amadurecido Pelé, o Brasil venceu aquela Copa na força física. Enquanto a maioria dos rivais "morria" na parte final dos jogos, quase todos disputados sob o infernal calor do meio-dia em Guadalajara e na Cidade do México, os jogadores brasileiros estavam sempre inteiros.

Outro diferencial que Parreira introduziu na seleção foi aprendido nos cursos que fez na Europa dois anos antes: o já citado uso de slides. É o chefe de Parreira naquela campanha, o Velho Lobo Zagallo, quem conta como utilizou o conhecimento de Parreira.

> **66** Eu estudava o sistema de jogo dos adversários com os slides que o Parreira produzia. Além disso, ele era mais do que um preparador físico, acabava sendo um auxiliar-técnico, pois ia ver nossos rivais atuarem e depois me passava o que vira. **99**

Para vencer, é preciso estar preparado. Não importa o sacrifício que precisa ser feito se queremos chegar lá. E terá muito mais chance de êxito quem gosta de trabalhar duro e quem ama os desafios.

Formando equipes vencedoras

Parreira, Chirol e Coutinho não inventaram a roda nem tiraram nenhum coelho da cartola para transformar o Brasil no time mais bem preparado fisicamente daquele Mundial. Aquele grupo treinou nada menos do que cinco meses seguidos. Três desses meses foram passados na concentração, que era chamada de Retiro dos Padres, em São Conrado, no Rio de Janeiro.

Quem vê a seleção de hoje, nos melhores hotéis e com todas as mordomias do mundo, não acreditaria se visse o que foi aquele trabalho no primeiro semestre de 1970. O Retiro, como costuma brincar Parreira, poderia ser classificado como "menos duas estrelas". Parreira lembra, com orgulho:

66 Todos sabem que os frades franciscanos levam uma vida espartana, sem conforto material algum. Imagine você colocar 22 dos maiores jogadores de futebol do mundo aglomerados nessas condições. Depois desse período, foi mais um mês inteiro no México, treinando para a adaptação à altitude. E, finalmente, um mês inteiro de competição, com a pressão natural que existe numa Copa do Mundo: tem de ganhar, é o melhor time, não pode perder, será que vai conseguir... 99

Além do trabalho vitorioso no campo, a Copa trouxe algumas lições de vida que Parreira carrega até hoje e as difunde para a sua equipe e para as platéias em palestras. Uma delas foi a HUMILDADE do grupo de estrelas daquela seleção. Parreira tinha apenas 26 anos, não era famoso como os jogadores e, no entanto, todos se submetiam à sua autoridade, desde o terceiro goleiro (o então jovem Émerson Leão) até o mito Pelé.

66 Nós descíamos dos alojamentos para treinar no campo empilhados em uma kombi. Imagine o Pelé andando de kombi, pode? E o engraçadinho ainda ficava brincando de vôo cego: cobria os olhos do motorista, que ficava girando pra cá, girando pra lá... 99

DE PREPARADOR FÍSICO CAMPEÃO A TREINADOR

O luxo e o conforto que cercam a seleção hoje em dia tornam inimaginável uma cena comum na concentração do Retiro dos Padres. Celular estava longe de ser inventado. Telefone fixo, só havia um, de manivela, preto, que só se vê em museu. E à noite, após o dia duro de trabalho, formava-se aquela fila de jogadores, dos astros mundiais aos iniciantes, todos juntos, todos iguais, cada um esperando sua vez, para conseguir um contato rápido com as famílias.

66 Imagine uma fila de 22 jogadores, com o Pelé no meio, esperando uma hora para conseguir uma linha. E mais: todos ficavam ali com o maior prazer. E fariam tudo de novo só pelo prazer de hoje poderem dizer: eu sou campeão do mundo. **99**

O andamento dos trabalhos até a estréia na Copa contra a Tchecoslováquia foi fazendo com que crescesse em cada participante daquele grupo a confiança de que o título era possível.

> É fundamental ter consciência do trabalho bem-feito e, com isso, considerar-se merecedor do sucesso.

O grupo de 1970 tinha a noção exata da qualidade tanto do trabalho de preparação quanto do talento individual de cada integrante do grupo. Mas é muito mais fácil falar depois do acontecido. Por melhor que houvesse sido a campanha, o jovem Parreira estava tenso antes do jogo contra a Itália. Compreensível. Copa é Copa. A Itália tinha uma belíssima *squadra*. Naquele 21 de junho, na saída do hotel para o estádio Azteca, na Cidade do México, o capitão Carlos Alberto Torres passou pelo saguão e viu que Parreira estava com a fisionomia tensa. Com seu conhecido sorriso de orelha a orelha, o capitão botou a mão no ombro do preparador físico e perguntou: "Garoto, tá preocupado

Formando equipes vencedoras

por quê? Com esse baita time que nós temos aqui, vai ser mole. Vamos dar olé neles. Não vai ter nem graça."

E, em campo, foi o que seu viu: 4 a 1 para o Brasil, um dos maiores jogos de todos os tempos. Parreira nunca mais esqueceria daquelas proféticas palavras do seu xará.

Começa a se formar um técnico: entre 1974 e 1979

Ao se lembrar da transição de preparador físico para treinador, Parreira vê que talvez tivesse até mais sucesso do que obteve se soubesse de algo que só hoje, com o passar dos anos, descobriu: a simplicidade das coisas.

66 A simplicidade é uma arte. E o futebol está inserido nisso. O futebol é simples, mas é preciso uma vida inteira para se descobrir isso. **99**

Até a Copa de 1970, Parreira jamais havia pensado em ser treinador. Após a conquista do Mundial, ele retornou ao Fluminense como preparador físico.

66 Meu sonho sempre foi ser preparador físico. E os dirigentes do Fluminense sabiam disso. Mas eu havia trabalhado como treinador em Gana, tinha cursos no exterior, na Alemanha e na Inglaterra, vi muitas coisas diferentes do tipo de treinamento que se dava aqui. Acho que o grande ponto de partida foi quando comecei a utilizar a bola nos meus treinamentos, ou seja, juntar as duas coisas mais importantes no futebol: jogador e bola. Esta é a base ideal do treinamento que será ainda mais válido se aproximar-se ao máximo desses dois elementos fundamentais. Nesse momento, o pessoal do clube começou a relacionar o uso

DE PREPARADOR FÍSICO CAMPEÃO A TREINADOR

da bola no trabalho físico e técnico com o cargo de técnico, o que não tem nada a ver. **"**

Até a Copa de 1974, na Alemanha, Parreira virou uma espécie de interino oficial nas Laranjeiras: quando um treinador era demitido, ele assumia o time nos treinos e em algumas partidas – mais ou menos o papel que, mais adiante, iria celebrizar Carlinhos no Flamengo e Alcir Portella no Vasco, duas décadas mais tarde. Na volta da Copa, onde o sonho do bi mundial foi abortado pela Holanda, a Laranja Mecânica de Johan Cruyff e Rinus Michels (o Brasil terminou em quarto lugar), Parreira acabou tendo a primeira experiência mais longa como treinador.

O técnico do Fluminense era Duque, e acabara de ser demitido. Parreira desembarcou no Rio, vindo da Alemanha, às sete da manhã. Às nove, estava batendo à porta de sua casa a comitiva tricolor formada pelo presidente Francisco Horta, Hugo Molinaro, diretor de futebol, e Aílton Machado.

" Era o *staff* completo do Fluminense, com a missão de me convencer a assumir o time, dessa vez em definitivo. Faltavam mais ou menos quatro meses para terminar a temporada, o Brasileiro já tinha acabado, e seria disputado o Campeonato Carioca. Relutei, relutei, mas acabei aceitando. **"**

Em pouco tempo, o próprio Parreira começou a perceber que tinha talento para o cargo. O time terminou a Taça Guanabara com uma campanha invicta e foi à decisão contra o América – para os mais jovens, o América era um belo time nos anos 1970. O time tricolor também era bom, com Cléber e Pintinho, que participariam da famosa "Máquina" dos dois anos seguintes, além de Gérson, já no fim de carreira, mas ainda muito importante no meio-campo.

Parreira organizou um esquema eficiente. O time tinha sempre mais gente no meio-campo do que os adversários, pois jogava com um falso ponta-esquerda, o Zé Roberto (que, em 1976, iria para o Flamengo).

69

Formando equipes vencedoras

❝ Ele era um jogador muito inteligente, "formiguinha" incansável, dotado de um fôlego privilegiado, e tinha uma função tática de recuar para congestionar o meio. O Zé Roberto era a alma do time, tinha uma movimentação fantástica, fechava os espaços, organizava as jogadas e tudo estava muito bem **❞**, lembra Parreira o "enxadrista da bola".

Mas, naquela decisão contra o América, Parreira sofreu um revés que seria, segundo ele próprio, um dos que mais ensinamentos lhe traria na carreira. Ele aprendeu que, para se ter sucesso, nenhum detalhe pode ser negligenciado no momento de decidir. Na semana da final, Gérson sofreu uma contusão muscular na quarta-feira, em um jogo encardido entre Fluminense e Bonsucesso.

❝ Vencemos, mas perdemos o Gérson. E a final era no domingo seguinte. **❞**

Os médicos do Fluminense disseram a Parreira: "Vamos interná-lo até a hora da decisão na enfermaria do clube, e aí vai dar para ele jogar." Inexperiente, apenas começando a trabalhar como o principal comandante, Parreira não teve qualquer desconfiança, o alerta interno não funcionou.

❝ Apostei na palavra dos médicos. **❞**

No sábado, véspera do dia de encarar o América, Parreira comandou o último treino, o apronto, e seguiu para a concentração com o resto do time. Gerson e Zé Roberto, ambos contundidos, não participaram dos treinos.

❝ Gérson entrou e passou o jogo sentindo a perna dura, presa, com dores. Jogou, mas não foi o mesmo jogador de sempre: seu desempenho esteve muito abaixo do normal. Ele teve a maior boa vontade, não gostava de ficar fora de nenhum jogo. Mas os médicos garantiram que ele podia entrar sem problemas.

O Gérson não teve culpa alguma nesse episódio. Ele procurou colaborar até onde pôde. Essa foi a grande lição para mim. Desde então, jogador que não faz um teste mais forte na véspera de um jogo não entra em campo mesmo. E eu iria viver a mesmíssima situação por muitas vezes em minha carreira, nos clubes e na seleção. Não dá para achar que um jogador sem condições de atuar no sábado à tarde vai tê-las 24 horas depois. Num caso assim, a gente pode até saber que o atleta não vai jogar e não divulgar para não facilitar as coisas para o adversário, ou para não esvaziar o interesse do público, não desmotivar a torcida. **99**

O Fluminense acabou não indo à final daquele Estadual, vencido pelo Flamengo. E, apesar da boa campanha no primeiro turno, Parreira se convencera de que poderia ser treinador de futebol. Pediu à diretoria para voltar à preparação física e foi atendido por Francisco Horta, que, em 1975, contratou o técnico Paulo Emílio.

O reencontro com o mestre e a terra das mais de mil e uma noites

No segundo semestre de 1975, Parreira continuava como preparador físico do Fluminense e estava em Belém com o time quando, em seu quarto do hotel, tocou o telefone. Era uma ligação de Recife. Do outro lado da linha, estava o já velho amigo de duas Copas, Zagallo.

— Parreira, você quer vir trabalhar comigo no Kuwait?

— Ontem.

— Como é que é?

— Ontem. Quando vamos?

Formando equipes vencedoras

A recordação faz Zagallo dar boas risadas diante da determinação de seu pupilo.

– Ele foi taxativo. Nem me deixou terminar a frase.

Por intermédio do empresário Elias Zacour, Zagallo havia recebido o convite para dirigir a seleção do Kuwait e convidara Admildo Chirol. Mas este não quis se aventurar no mundo árabe naquele momento. Zagallo pensou, então, que o único nome inteiramente confiável para ir com ele era o de Parreira. Ao chegar no Kuwait, o Velho Lobo acertou o contrato, mas disse aos xeques que só aceitava se Parreira fosse incluído. Os dirigentes locais aceitaram.

– O curioso é que Parreira havia feito um pedido salarial e eu ainda consegui um valor bem maior para o salário dele – garante o mestre.

E Parreira partiu para mais de 1.001 noites no Oriente. Foi em 1976 que ele conheceu, pela primeira vez, as terras que lhe dariam muita experiência e um grande retorno financeiro: o mundo árabe.

> **66** No Oriente, para se ter uma idéia do esquema, você trabalha ao lado do filho do rei, ou do irmão do rei. A cobrança, em geral, é grande, embora eu sempre tenha sido muito bem tratado. Eles querem ir à Olimpíada, querem ganhar a Copa da Ásia, querem ir à Copa do Mundo, há os que querem até ganhar a Copa do Mundo. **99**

Parreira aceitou o convite de seu mestre Zagallo, que iria dirigir a seleção principal do Kuwait. O ex-tricolor seria preparador físico, mas, como se diz na linguagem boleira, iria bater o corner e cabecear: acabou também sendo auxiliar-técnico do Velho Lobo, e ainda cuidava das programações de treinos e viagens da equipe. A primeira campanha da dupla teve êxito, com Parreira sempre fazendo muito mais do que o trabalho de preparação física. Ele ajudava sobremaneira Zagallo especialmente no inglês, que o Velho Lobo não dominava – o de Parreira já era oxfordiano. Eles chegaram à final da

Copa da Ásia, quando o Kuwait acabou derrotado. Na metade de 1977, Zagallo decidiu voltar ao Brasil, pois fora convidado para dirigir o Botafogo.

O mestre queria trazer Parreira de volta com ele. Os dois chegaram a viajar juntos para o Brasil. Zagallo acertou seu contrato com o alvinegro carioca. Quando foi a vez de Parreira, o Botafogo ofereceu trinta por cento do salário de Zagallo. Parreira conta:

> 66 Eu não queria um salário igual ao dele, que já era um profissional consagrado. Aceitaria de bom grado receber metade do que ele receberia. Mas achei muito baixo e não aceitei. 99

Mas Parreira não ficaria desempregado. No Kuwait, embora Zagallo fosse o treinador, os funcionários da federação nacional observaram a importância e a qualidade do trabalho de Parreira. Convidaram-no, então, a voltar ao Kuwait e lá continuar trabalhando. E, empreendedor até a raiz dos cabelos, ele voltou. No primeiro momento, em 1977, ele era apenas funcionário da federação, mas sem cargo.

O que acontecia? Os dirigentes do Kuwait eram extremamente vaidosos e queriam um treinador de nome, de peso internacional, para a seleção nacional.

A primeira tentativa foi com o inglês Alf Ramsey, campeão do mundo em 1966 com seu país. Ele passou pouco mais de uma semana no Kuwait, para observar jogadores, ver como era o esquema, foi a três partidas do campeonato nacional, tudo isso sob os cuidados do cicerone Parreira. Voltou à Inglaterra dizendo que pensaria e acabou não aceitando.

A segunda tentativa foi com Miljan Miljanic, conceituado treinador da antiga Iugoslávia e do Real Madrid. O mesmo esquema: ficou uma semana no Kuwait, olhou, observou, agradeceu e recusou o convite. Àquela altura, faltavam poucos dias para o início de uma competição asiática da categoria Sub-20, em Bangladesh. Como ninguém havia sido contratado, os dirigentes pediram a Parreira que co-

Formando equipes vencedoras

mandasse o time. E, como ele já ensinou aqui, NÃO SE PODEM TEMER OS DESAFIOS. Parreira, feliz, lembra:

66 Aceitei e terminamos campeões. **99**

Mesmo com esse título, o brasileiro ainda não seria efetivado. Os dirigentes do Kuwait tentaram, então, uma experiência doméstica com um treinador nascido no país. Escolheram um que ficou até 1979, quando o Kuwait foi disputar a Copa da Ásia. O time estava muito mal e os dirigentes pediram a Parreira para ficar como auxiliar-técnico. Mas o esquema tático era muito ruim e a seleção foi eliminada na primeira fase da competição.

Quando a delegação voltou da Tailândia, onde o torneio foi disputado, o xeque demitiu o treinador e decidiu reconhecer o valor de Parreira, convidando-o para ser o treinador do time principal.

No mesmo dia, o telefone tocou na casa de Parreira. Do outro lado, o velho amigo de sempre, Zagallo.

— Parreira, estou voltando para o Oriente, vou dirigir a Arábia Saudita. Quer vir trabalhar comigo?

— Zagallo, é o seguinte: está para acontecer de eles me chamarem para ser o técnico principal. Se isso acontecer, vai ficar zangado caso eu aceite e não vá junto com você?

— De jeito nenhum, amigo. Veja aí o que você consegue e dê seu vôo. Você já tem experiência para isso.

— Vou fazer uma pedida alta e, se eles aceitarem, vou ter de ficar — prosseguiu Parreira.

— Faça isso. E você já sabe que, se não aceitar aí, há um cargo pra você aqui — devolveu Zagallo.

Os dirigentes do Kuwait aceitaram o pedido de Parreira. Ao telefone, o mestre incentivou o discípulo.

— Não estou chateado. Estou é lhe dando os parabéns. Que você tenha sucesso em seu trabalho e em sua vida.

Ali, Parreira virava treinador de futebol.

CAPÍTULO 6

TREINADOR, LÍDER E MOTIVADOR

> "Com talento ganhamos partidas. Com trabalho de equipe e inteligência, ganhamos campeonatos."
>
> MICHAEL JORDAN

O futebol daria a Parreira experiências das mais variadas naturezas, como veremos no Capítulo 7. Mas em todas, desde o início no Kuwait, ele utilizou os conceitos de liderança e motivação. E desenvolveu-os de forma tão próxima à perfeição que chegou aonde chegou. Mas, antes de ser um exemplo, Parreira sempre tratou de valorizar os que foram exemplos para ele. Como seu amigo Zagallo, de quem Parreira fala:

> 66 Zagallo tem uma carreira brilhante, exemplar, admirável. Tem um número absurdo de jogos pela melhor seleção do mundo, como jogador, treinador e coordenador-técnico. É muito respeitado por todos os grupos de jogadores que comanda. O Chirol (sempre a referência ao velho professor) costumava me dizer: 'Não tem jeito, Carlinhos, o homem (Zagallo) nasceu virado para a Lua.' Então, é óbvio que vou utilizar sempre os ensinamentos desse mestre. 99

Liderança com base em serviço

Ao contrário de Parreira, alguns comandantes e líderes às vezes fracassam por esquecerem os exemplos e deixarem de lado o fato de que comandam e lideram pessoas. Portanto, egos. Parreira jamais perde esse foco e afirma:

> **❝** É preciso ser sincero, honesto, transparente. O líder tem de dar ao grupo o que ele precisa, não o que ele quer. Tem de satisfazer às necessidades, e não aos desejos. É fundamental conquistar a confiança da equipe. E conhecer seus limites. Não interferir no poder do outro, deixá-lo trabalhar. As pessoas precisam ser encorajadas. **❞**

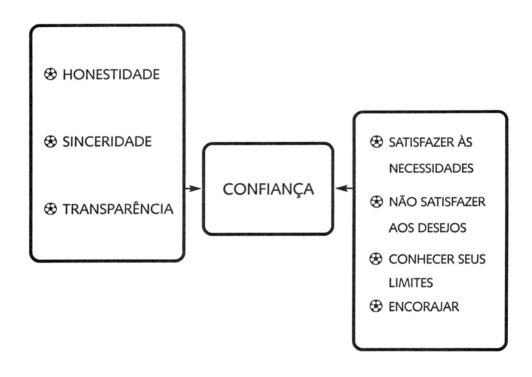

No mundo de hoje, as informações e os conhecimentos têm vida útil muito curta. As mudanças ocorrem numa velocidade tamanha que aquilo que sabemos agora poderá ter pouquíssima utilidade num breve tempo – o *slogan* da Rádio FM Band News retrata isso com perfeição: "Em vinte minutos, tudo pode mudar." Por isso, um verdadeiro líder saberá lidar com valores muito mais duradouros: os que se referem ao homem, às características pessoais de cada um.

Turma do Colégio Estadual Professor Daltro Santos, em 1961.
Bangu, Rio de Janeiro.

Como goleiro em Padre Miguel, em 1961.

Seleção da Escola Nacional de Educação Física e Desportos – ENEFD, em 1962. Urca, Rio de Janeiro.

Primeiro ano na ENEFD.

No São Cristóvão Futebol e Regatas, em 1967 – primeiro clube em que Parreira atuou como profissional, a convite do técnico José do Rio (de calça preta).

Com a seleção de Gana na Copa Africana de Seleções, em 1967. Etiópia.

Com a seleção de Gana em Camarões, em 1968.

Com Magalhães Pinto e Yaw Bamful Turkson, embaixador de Gana, em 1967.

Com Tostão, Pelé e Tarso Heredia logo após a conquista do Tricampeonato.

Com a seleção brasileira de 1970, em amistoso no México.

Em treinamento com Pelé, em 1970.

Com Helmut Schöen, técnico da Alemanha campeão em 1974, e o professor Benno Hartmann.

Seleção do Kwait, em 1982, quando Parreira era seu técnico.

Com o professor Admildo Chirol, seu amigo, em 1980.

Com a seleção do Kwait em sua indumentária habitual, na Copa da Ásia de Seleções, em 1980.

Com a seleção dos Emirados Árabes Unidos, em 1986.

Enfrentando as diferenças culturais: com o rei da Arábia Saudita, Fahd ibn Abdel Aziz al-Saud, em 1988.

No Iêmen do Norte, em 1989, buscando adaptar-se aos costumes de um povo que vivia na época como há mil anos.

No vestiário e com Zagallo, após a conquista do Tetracampeonato nos Estados Unidos, em 1994.

Com Ronaldo e Romário na véspera da final da Copa.

Copa das Confederações, em 2005, após a conquista.

Parreira e Zagallo em clima de comemoração pelo Tetra.

Preleção na Copa do Mundo de 2002.

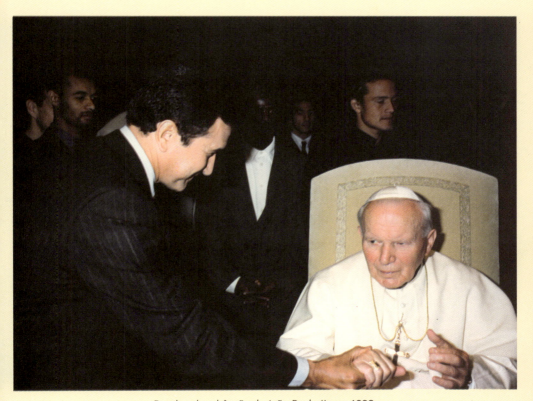
Recebendo a bênção de João Paulo II, em 1998.

A presença constante da família: com dona Leila e as filhas, Danielle e Vanessa, em frente à Catedral de Notre-Dame de Paris, em 1985.

O incondicional apoio da mãe, dona Geny, fã número 1 de Parreira, em 2002.

Com sua incansável companheira, dona Leila, no Marrocos.

TREINADOR, LÍDER E MOTIVADOR

66 As empresas estão se voltando cada vez mais para as relações humanas. No futebol, não é muito diferente. A tecnologia é coadjuvante. Ocupa apenas uma parte do trabalho. O principal é o trabalho no campo, no dia-a-dia, o treinador estar atualizado com tudo o que fará o time render ao máximo na parte física, técnica e tática. Sempre utilizei o audiovisual antes dos jogos. Os softwares, muito pouco, mesmo hoje. É mais para a parte organizacional, programação da semana, nada que interfira no campo. O computador é importante para testes de avaliação física e clínica. Mas continuo com a certeza de que nada substitui o trabalho de campo diretamente entre treinador e jogador. **99**

Todo grupo precisa de um líder

Parreira fala, brincando:

66 No futebol, essa figura precisa existir dentro e fora de campo. Isso mantém a hierarquia bem estabelecida. A hierarquia precisa existir até mesmo em nossa casa. Lá é sempre a mulher que manda. Não adianta bancar o machão, ela é que manda, nós respeitamos e assinamos o cheque para pagar as contas. **99**

O líder de um grupo também precisa necessariamente detectar quem são outros líderes em potencial, para substituí-lo numa eventualidade, ou representá-lo (no caso do futebol, técnico não joga, mas é preciso que alguém tome decisões durante o jogo). Essa é uma tarefa que Parreira desempenha com grande talento por onde passa.

Na Copa de 1994, por exemplo, Parreira tinha, além do apoiador Carlos Caetano Bledorn Verri, o Dunga, e do zagueiro Ricardo Rocha, um grupo de atletas mais experientes que se autodenominva o "Grupo dos Dinos", neologismo proveniente de "dinossauros". Esse grupo, do qual, por incrível que pareça, até o normalmente individualista Romá-

Formando equipes vencedoras

rio participava, respondia pelos jogadores para a mídia, negociava qualquer problema com a cúpula da CBF, trocava idéias com Parreira sobre a armação do time e dos adversários. Sempre respeitando a hierarquia e fazendo-se respeitar pelo currículo.

Essa relação honesta, em que cada um sabia seu lugar, facilitou o trabalho de Parreira de mostrar a esse grupo o que mostra a todos: o fato de que, em cada grupo, existem os que pensam e os que fazem força. Parreira exemplifica:

❝ Num espetáculo, existem a música, o solista e também o funcionário que carregou o piano para o palco. E todos são fundamentais; sem qualquer um deles, o show não acontece. **❞**

Assim, no grupo de 1994, Bebeto e Romário eram os solistas no *script* da seleção, enquanto Dunga e Mauro Silva eram chamados os "carregadores de piano", auxiliados por Mazinho, Zinho e Raí. E ninguém se sentiu diminuído ou se achou mais do que os companheiros. Deu no que deu. Deu certo. Atingiu-se o tão procurado equilíbrio – essencial para o sucesso nas equipes – ou seja, atacar e defender com a máxima eficiência, segundo o mestre Sepp Herberger.

Liderança com base em respeito

Na seleção, é sempre Parreira o líder fora do campo. E não é uma liderança imposta apenas pelo cargo.

❝ Quando você assume uma grande equipe como uma seleção nacional ou times do porte de Fluminense, Flamengo, Corinthians, é muito importante a autoridade que consegue despertar na equipe. Isso vem em função do currículo e das conquistas que você já conseguiu e do conhecimento que adquiriu. O grupo conhece sua bagagem. Tendo isso, as idéias que vão nortear o trabalho podem ser mais bem implementadas. Os jogadores atendem melhor ao que se pede. 99

HIERARQUIA

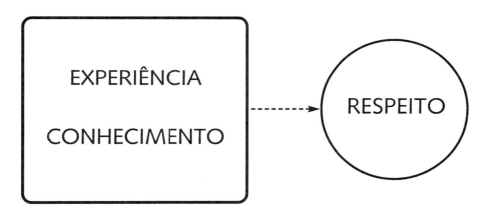

E no campo, se for preciso, cria-se um líder. Na seleção que foi preparada para o hexa em 2006, não há nenhum jogador com as características de personalidade de um Carlos Alberto Torres ou de um Dunga. Há muitos craques. Mas isso não significa que não haja um líder "por currículo": Marcos Evangelista de Moraes, o Cafu. O técnico explica:

66 Ele disputou três finais de Copa do Mundo, ganhou duas. É um recorde, é histórico, nem Pelé, nem Garrincha, nem Maradona conseguiram isso. Tem quase 150 jogos com a camisa da seleção. Então, é evidente que ele seja nosso líder dentro do campo, por mais que não seja de falar muito, de gritar. A história fala por ele. Todos o respeitam, inclusive os adversários, pelos 15 anos de serviços prestados ao futebol brasileiro. E, além disso, segundo especialistas, pode-se ter ou até incentivar a existência de vários líderes na equipe. 99

Parreira vislumbra um líder que deve se consolidar no futuro. É Kaká, que, mesmo com 23 anos, já tem uma capacidade enorme de agrupar a seleção e de opinar sobre ela. Diz o comandante:

> 66 Kaká me impressiona pela capacidade que tem de ver o jogo. Ele conversa muito comigo sobre tática, gosta de entender o objetivo do esquema, de trocar idéias. É extremamente participativo, e eu gosto disso. 99

Ao falar da necessidade fundamental de um líder, Parreira não quer dizer que qualquer método seja válido para a construção dessa figura. O professor ensina:

> 66 Há 'líderes' que querem se impor pela intimidação. Usam o poder que têm, apelam para a coação. Esse tipo de liderança pode até alcançar algum resultado, mas é sempre por um tempo muito curto. Ninguém se sujeita a viver sob tirania por muito tempo. Há outros líderes que tentam se impor pela manipulação: se você fizer o que eu mando, dou um aumento. Essa postura também não dura muito, porque seus liderados se sentem usados como objetos. 99

Se fosse fácil liderar, todos os campeonatos de futebol do mundo terminariam empatados. Outra grande ciência do líder é transformar grupos de pessoas em times, em equipes.

> 66 Numa equipe você junta pessoas com objetivos comuns, mas talentos diferenciados. Um grupo de pessoas num ponto de ônibus, reunidas no meio da rua, ou mesmo numa mesma empresa, mas que tenham objetivos distintos, se não compartilharem os mesmos ideais e não estiverem com o mesmo foco lá na frente, não podem ser consideradas uma equipe. Uma equipe só existe quando todos estão remando com objetivos comuns, todos desejando o mesmo. 99

A pergunta é: Como criar esse tão falado espírito de equipe? Parreira ensina:

> **"** Crie um ambiente positivo, com uma atitude mental positiva, lutando contra as influências negativas, valorizando as conquistas e estabelecendo um clima de paz e harmonia no grupo. Busque o melhor desempenho, lute contra a resistência às mudanças, pois desenvolvimento implica sofrer mudanças, estimular a auto-estima, praticar, treinar e manter a concentração. **"**

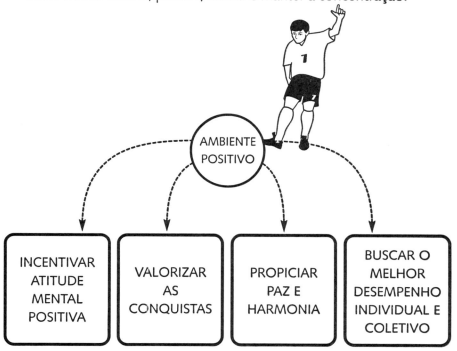

Um desses detalhes é o perfil dos liderados. Sem esse conhecimento, nem se deve começar a pensar em comandar nada. Essa primeira lição foi aprendida definitivamente por Parreira ao chegar a Gana, na metade de 1967, para dirigir a seleção principal de lá. A comunicação ali nem era tão difícil com os jogadores, porque o inglês, que Parreira já dominava, era a língua falada por eles. Mas ele começou a "ganhar" o time no dia da apresentação.

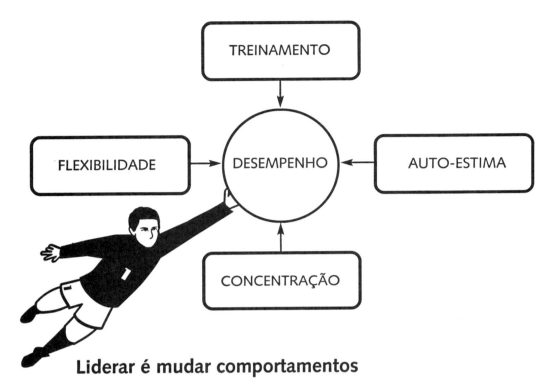

Liderar é mudar comportamentos

No hotel, após essa apresentação aos atletas, anunciaram que o jantar estava servido. Parreira encaminhou-se até o local por onde os jogadores estavam entrando. Ao sentar-se à mesa, reparou que seus futuros comandados o observavam atentamente, com expressão de surpresa.

❝ Pensei: pronto, cometi alguma gafe, fiz algo que contraria a cultura daqui. Imediatamente, um dirigente se aproximou e explicou. É que nunca antes um treinador se sentara à mesa para comer junto com o time. Por ser um cargo estatal, os técnicos eram funcionários de Estado, que só viam o time na hora do treino. Ele dizia: Eles não estão habituados a que um catedrático fique tão próximo deles.

Veja só, virei um catedrático aos 24 anos! Mudei, então, esse conceito que eles tinham e passei a ficar o tempo todo com minha equipe. ❞

Técnico: gestor e facilitador

Na formação de equipes é de fundamental importância a presença de um líder que, segundo James Hunter, terá como principal atribuição o desenvolvimento da capacidade de influenciar pessoas e da habilidade de inspirá-las a trabalhar em grupo a fim de atingirem um objetivo comum. É essencial que esse líder – seja ele o técnico (ou coach) nos esportes ou o gestor no ambiente corporativo – esteja atento às características individuais de cada componente de sua equipe. No decorrer do processo de escolha, uma série de fatores contribuirão para sua concretização:

⊛ **Pessoas**

Um líder precisa saber lidar com as pessoas, sejam elas atletas ou membros de uma empresa. Deve dedicar-se a desenvolver uma relação de confiança, criando um ambiente positivo de trabalho e relacionamento, buscando o melhor desempenho individual e coletivo.

⊛ **Informações**

No mundo globalizado atual, cada vez mais bombardeado por milhares de novas informações a toda hora, a todo minuto, somos levados a crer que a notícia recebida pela manhã já perdeu sua validade antes mesmo do início da tarde. É preciso nos manter atualizados, estudando, pesquisando, permanecendo atentos às novidades para que possamos nos posicionar alguns passos à frente da concorrência, surpreendendo-a, evitando que sejamos surpreendidos por ela.

⊛ **Conhecimentos**

Um dos maiores desafios de um líder motivador é não se ater apenas à aquisição de novos conhecimentos específicos – que, é claro, serão essenciais para mantê-lo atualizado em sua área de interesse. Será preciso ir além, ou seja, procurar inteirar-se de outras áreas de atuação, manter-se receptivo a um conhecimento de mundo mais amplo, que abranja toda e qualquer outra área.

⊗ Situações

Conseguir lidar e resolver com sabedoria os imprevistos do dia-a-dia é outro fator de extrema relevância para o líder de uma equipe. Tanto no ambiente esportivo quanto no corporativo é preciso saber administrar situações de fracasso – ou prejuízo – e, principalmente, de sucesso – ou alta lucratividade. Essas situações podem gerar crises no comportamento dos atletas ou funcionários e é nesse momento que um líder que aja com sabedoria deverá usar sua experiência, seu bom senso e sua capacidade de julgar e, principalmente, de tomar decisões.

⊗ Resultados

Resultados são as metas, os objetivos finais: campeonatos, títulos, medalhas ou, ainda, lucro, crescimento, vitória sobre a concorrência. O papel do líder nesse momento é bem delicado, pois exige sensibilidade e, principalmente, habilidade para que sua equipe mantenha uma atitude mental positiva. Em nossa cultura, muitas vezes caímos em uma armadilha perigosa que idolatra os bem-sucedidos e achincalha os menos afortunados, rotulando-os como fracassados. Um líder sagaz fará com que sua equipe procure entender as ações que impediram um resultado positivo, buscando saber o que aconteceu exatamente, racionalizando a situação e reafirmando seu real valor. É preciso impedir que os membros da equipe se deixem levar pelo deslumbramento da vitória ou pelo pessimismo e pela depressão, pois eles não são tão ruins quanto aqueles que estão fora da situação os fazem crer.

Montar uma equipe de trabalho é como montar uma engrenagem eficiente: para que se atinja o objetivo final, é necessário um processo trabalhoso, cercado de enormes cuidados. Saber planejar é fundamental. Se um líder puder aliar-se a profissionais competentes, experientes, dedicados, fiéis e que sejam conscientes da importância do trabalho de cada um dos demais integrantes, então estaremos diante da situação ideal.

Nas seleções brasileiras que disputam a Copa do Mundo, as comissões técnicas chegam a ter 16 profissionais, todos com funções bem definidas e que trabalham com um só objetivo: permitir que os jogadores se concentrem única e exclusivamente em entrar em campo e fazer sua melhor atuação, pois nada deverá dispersar sua atenção.

Uma gestão consciente, calcada na busca pela capacitação e pelo desenvolvimento de talentos e aliada à dedicação e à disciplina do grupo, contribuirá para que um líder, com sua equipe, atinja seu melhor desempenho e, conseqüentemente, os melhores resultados.

Todos trabalharão pelo líder se virem nele mais um integrante do time

Mais do que isso: por ser jovem e, por conta disso, ter o desprendimento de abrir mão do luxo, Parreira não ficou hospedado em um hotel. Passou a viver no quartel do exército de Gana, onde o time treinava. As condições de higiene eram precárias e, em várias ocasiões, Parreira ficou doente – chegou a contrair malária. Mas sempre perto do grupo, os comandados viam o sofrimento do comandante e aprendiam com ele a força para não desistir.

Os jogadores não tinham muitos recursos, a maioria era pobre e, para eles, era melhor viver ali, no quartel mesmo. Eles dormiam em alojamentos coletivos, como os soldados, e Parreira tinha um pequeno quarto particular. Mas o conforto passava a léguas dali. Era uma cama, uma cadeira, uma mesinha, e Parreira que lambesse os beiços! Mas eles estavam todos juntos. Aquilo criou no grupo africano um sentimento de união que levou o time a se superar e obter sucesso.

Diferenças culturais: respeito mútuo

Outro segredo do sucesso de Parreira em Gana foi mudar um hábito entre os jogadores africanos que minava as forças físicas da turma.

66 A permissividade sexual em Gana era uma coisa inacreditável. Lá, a virgindade não é um tabu. Algumas mães chegavam a oferecer suas filhas aos jogadores, para que elas engravidassem e conseguissem um casamento. Acredita-se que, quanto mais cedo a menina perder a virgindade, filhos melhores e mais férteis ela vai ter. **99**

Depois de conquistar a confiança do grupo, ele estabeleceu que estava proibida a presença de mulheres no local de trabalho. Quem quisesse sexo que fosse arrumar lá fora. Isso organizou as coisas, porque nem sempre os jogadores tinham tempo de sair do local de treinos. Isso provocou uma grande melhora no aspecto físico. Ao agir dessa forma, conseguiu que seus comandados levassem a seleção à final da Copa da África.

O que dizem os gurus

Num posto em que todos gostam de dar palpite, o caminho apontado por Parreira é não querer agradar a todos. Sobre o tema, Parreira repete constantemente:

66 John Fitzgerald Kennedy dizia que a fórmula para o fracasso é querer agradar a todos. **99**

Por isso, em todas as palestras, seja para empresas, seja para os jogadores em campo, ou ainda em entrevistas, Parreira foge como pode de citar nomes ou exaltar demais um ou outro jogador. Por exemplo: o máximo que ele faz é referir-se às conquistas como feitos de Pelé e o grupo, de Romário e o grupo, ou de Ronaldo e o grupo.

66 São equipes, não indivíduos, que vencem campeonatos. **99**

Como liderança não é ciência exata nem receita de bolo, é fundamental estar cem por cento atento ao trabalho.

66 Eu me mantenho sempre alerta. A seleção não sai da minha cabeça. Eu não desligo nunca durante o período de trabalho, estou conectado o tempo todo. Mesmo na praia ou no cinema, a seleção está na minha cabeça. Funciono como uma televisão desligada, mas com a luzinha vermelha do stand by acesa. Para esse esquema funcionar, é fundamental o apoio da família e dos amigos, que entendem quando, às vezes, estou absorvido pelo pensamento no trabalho. E mesmo se quisesse desligar, não conseguiria. No início deste ano (2006), fui a um enterro. Estava lá consolando a família, ao lado do caixão, quando chegou um sujeito, bateu no meu ombro e soltou, no meio do velório: 'E aí, Parreira, vamos ganhar essa Copa ou não vamos?' **99**

O líder também pode sonhar

Em qualquer empresa, lembra Parreira, há pessoas sonhadoras que estabelecem metas para tornar os sonhos realidade. A comparação com o futebol é explicada pelo treinador.

66 Numa empresa, há o presidente; no futebol, há o presidente. Na empresa há o departamento financeiro, no futebol também. Na empresa há pessoas, lida-se com o fator humano, emocional. No futebol também. Na empresa buscam-se resultados. No futebol também. Numa empresa, os sonhadores querem conquistar mercados, querem chegar na frente da concorrência, querem ser o número 1 em seu setor. No futebol todos sonham com títulos e precisam ser estimulados a consegui-los. **99**

Em seleção brasileira, lembra Parreira, lida-se com superastros, que têm vida financeira e profissional resolvida na maioria dos casos. O segredo de comandá-los é mantê-los integrados e motivá-los psicologicamente num estado elevado.

66 Não existe fórmula, é entrega, trabalho duro. Sem cara feia. Na seleção, todo mundo respeita horário, treinamos em qualquer tempo. Não adianta querer ser campeão sem comprometimento. E não basta executar tarefas. É preciso construir relacionamentos. **99**

Parreira costuma aplicar aos grupos que comanda ensinamentos de grandes líderes vitoriosos no esporte, como John Wooden, o lendário treinador de basquetebol norte-americano que, à frente da equipe masculina da Universidade da Califórnia (a célebre UCLA), conquistou dez campeonatos na extremamente competitiva National Collegiate Athletic Association (NCM), sete dos quais consecutivos. Um dos dogmas de Wooden era:

Sucesso não significa vencer alguém; é a paz de consciência que vem da satisfação de saber que se fez o melhor possível.

O melhor líder é o que sabe motivar

Parreira lembra sempre que o ser humano focado em vencer gosta de ser motivado.

66 Motivação é uma palavra interessante, vem de *motus*, do latim, *motion*, do inglês, e significa mover, movimento, mudar de lugar. **99**

Sentir-se motivado é uma necessidade biológica como comer, dormir, respirar. É mudar comportamentos em direção ao objetivo desejado.

Como alcançar êxito na tarefa de motivar? De onde vem a motivação? Por que algumas pessoas se motivam mais facilmente do que outras? A verdadeira motivação, segundo ele, é a chama interior que nos impulsiona rumo aos objetivos. Para acendê-la, Parreira sempre conta histórias de superação aos grupos que lidera, para estimular os indivíduos a refletir e se mirar nelas, a fim de alcançar um bom resultado.

66 Veja o caso da empresária Zica, que já foi babá, faxineira e sacoleira. Há muitos anos, ela se sentia insatisfeita com os xampus que existiam para alisar o cabelo. O que ela fez? Atenta aos componentes que mais se adequavam aos seus cabelos crespos, vendeu o fusquinha da família e contratou um químico para criar um creme alisador de cabelos especialmente para o público negro. Foi assim que abriu uma microempresa com cinco lojas e 350 empregados. É sucesso. E Zica não nasceu em berço de ouro. Mas se dispôs a ir à luta e PAGAR O PREÇO. Além disso, Zica soube inteligentemente agregar valor ao seu produto. Para usá-lo, é preciso ir a um de seus salões. Sem dúvida, este é um exemplo de sucesso entre pessoas comuns. **99**

Parreira lista cinco itens que separam as pessoas motivadas das desmotivadas:

- ⊛ Altos níveis de necessidade de realização – quando esse nível é elevado, as pessoas trabalham mais e têm, assim, maiores chances de alcançar sucesso.
- ⊛ Conhecer os objetivos.
- ⊛ Ter competência.
- ⊛ Ser otimista.
- ⊛ Ser competitivo, algo muito estimulado entre os atletas.

Ele tem um repertório de citações que costuma surtir efeito em suas platéias, sejam elas compostas por jogadores ou líderes empresariais.

Trabalhando sob pressão

Uma das primeiras lições que Parreira ensina é que nada supera o prazer de uma vitória.

66 É isso que faz com que tantos sacrifícios sejam feitos e tantas dificuldades sejam superadas. Mas uma vitória, depois que chega, vira apenas um indício de que temos de continuar naquele caminho e treinar, treinar, treinar cada vez mais. A pressão é a melhor amiga, impede a acomodação. Há sempre alguém querendo nos superar. Se você fica parado, no conforto, esquece. A experiência ajuda a manter a serenidade. É preciso estar seguro de sua filosofia, desde que baseada em fatos concretos. Costumo repetir sempre uma frase do presidente da CBF. Às vezes, ficamos brincando com ele sobre as viagens, sobre o que diz a mídia, sobre os problemas todos e ele manda: 'Meu amigo, se você fosse o treinador da seleção de Hong Kong, não teria nenhum desses problemas.' **99**

Parreira lembra que a capacidade de resistir a pressões, de ser flexível ao extremo e de não perder a cabeça é algo cada vez mais valorizado nos clubes e nas empresas.

66 Foi criado até o termo resiliência, que é a capacidade de um indivíduo ir de um extremo a outro de seus limites, como se fosse um elástico, sem se romper. **99**

Segundo o escritor Eduardo Carmello, oitenta por cento das pessoas têm suas competências diminuídas ou ocultadas quando passam por situações adversas e não conseguem lidar corretamente com elas. Parreira adverte:

66 Há um outro palestrante, Tom Coelho, que diz que o resiliente se torna ator de seu destino. Ele não se abate, não se

TREINADOR, LÍDER E MOTIVADOR

queixa, não se curva. Se algo dá errado, procura compreender as razões do fracasso e tenta mudar o quadro. Profissionais com esse perfil são cada vez mais cobiçados em funções estratégicas, seja em que mercado for. **99**

Exemplos de voltas por cima

Os melhores líderes logo fazem seus liderados entenderem o valor de uma vitória e os ensinamentos extraídos de eventuais derrotas.

66 É como na vida, como reagimos quando uma coisa dá errado, quando não sai como imaginávamos? Não é o fim do mundo. Uma frase ótima de José Saramago que costumo transmitir às minhas equipes diz que o ruim das vitórias é que elas não são definitivas, e o bom das derrotas é que elas não são definitivas. Aprender com as lições significa CRESCIMENTO. Certa vez, perguntaram a Thomas Edison como ele se sentia por haver fracassado em uma experiência. Ele respondeu: 'Eu nunca fracassei em nada na minha vida. O que fiz foi aprender com sucesso dez mil maneiras que não funcionaram.' **99**

Além da trajetória de Dunga, o treinador costuma recorrer ao exemplo dado pelo Fenômeno Ronaldo, que sofreu uma lesão no joelho em pleno campo de jogo, mostrada em imagens que chocaram os torcedores em 2000, e, dois anos depois, ressurgiu como campeão do mundo e artilheiro da Copa de 2002, no Japão e na Coréia do Sul. Parreira, que acompanhou a distância (o treinador naquela campanha era Luiz Felipe Scolari) o ressurgimento do Fenômeno, lembra:

66 Ronaldo foi considerado acabado para o futebol após a contusão. Ficou dois anos sem poder jogar. Mas, com perseve-

Formando equipes vencedoras

rança, vontade, querendo muito voltar, ele conseguiu e foi uma figura fundamental para o sucesso daquele grupo do penta. **99**

Outro exemplo não tão conhecido é o do capitão Cafu, exaltado por Parreira:

66 Ele era muito franzino e foi reprovado em nada menos do que 12 (!) peneiras (testes que os clubes fazem, normalmente em bairros periféricos das capitais) para descobrir novos talentos. Mas não desistiu. **99**

Os exemplos de Parreira não são pinçados somente do futebol.

66 O ciclista Lance Armstrong conquistou pela sétima vez a Volta da França, quase uma Copa do Mundo dessa modalidade, depois de 'simplesmente' superar um câncer nos testículos. O físico Albert Einstein foi considerado 'mentalmente lerdo' pela professora quando estava no ginásio. O compositor Ludwig von Beethoven ficou surdo e, depois dessa fatalidade, compôs suas mais belas e famosas obras. A vida está repleta de exemplos de superação. **99**

Para conseguir realizar missões como as de Dunga, Cafu, Ronaldo e Lance Armstrong, Parreira lembra que é preciso ter alguns pré-requistos, como bom senso, foco em objetivos e metas e autoconfiança, citados no Capítulo 2.

A diferença, portanto, entre pessoas que têm sucesso e as outras é que aquelas não se abatem após um fracasso. Caem e se levantam. Parreira ensina:

66 Aceitamos nossos erros e não culpamos os outros, o passado, o chefe ou a família. Admitimos nossas falhas e refazemos planos. Aprendemos com os erros, não os repetimos e seguimos em frente. E aí crescemos como pessoas e profissionais. **99**

A importância de interesses comuns

Além dessas características individuais, é preciso fazer com que elas sejam convergentes.

66 Há de se ter sempre um ambiente de harmonia. Os integrantes de um time precisam se respeitar e, se possível, se gostar. É fundamental também eliminar todas as tendências ou influências negativas. Trate a todos igualmente, respeitando as diferenças de cada um. 99

Muitas vezes, o público se pergunta por que Parreira não convoca um determinado jogador que possa estar jogando bem. A postura fora de campo não é percebida pela maioria, mas jamais escapa do olhar do comandante da seleção.

66 Recentemente, vi na TV um jogador jovem, que até teria potencial para participar de uma seleção. De relance, sem me fixar muito na imagem, percebi que ele estava com duas enormes pulseiras, brincos, um cordão reluzente... Quer dizer: é claro que o foco dele neste momento não está na carreira. 99

Uma outra estratégia que Parreira sempre usou para motivar os mais jovens, que ainda não atingiram o status de superastros do futebol, é mostrar como é difícil chegar ao topo, para que se valorize mais o fato de eles terem conseguido ou estarem no caminho certo. Já de volta ao comando da seleção, em 2004, Parreira mostrou ao grupo alguns números do mercado da bola:

66 Em 2003, houve 842 transferências para o exterior. Parece muito, mas vê-se que é pouco dentro do universo de 17.913 jogadores de futebol com contrato registrado na CBF – apenas 4,7% foram para o exterior; do total, 9.729 (54,31%) ganha-

Formando equipes vencedoras

vam até um salário mínimo; 15.118 jogadores (30,84%) entre um e dois salários mínimos, e apenas 507 atletas (2,83%) ganhavam acima de 20 salários mínimos. **"**

A outra face da moeda é mostrar que a competência pode ser muito bem remunerada, e que os maiores sacrifícios podem ser bem recompensados. O exemplo que Parreira costuma dar é o do superastro da NBA, a liga norte-americana de basquete profissional, Michael Jordan. Em 15 temporadas da Liga, Jordan disputou 1.072 partidas (93% do total de seus times), marcou 32.292 pontos, foi seis vezes campeão, em cinco desses títulos foi também MVP (melhor jogador da competição) e disputou 13 All-Star Games (amistoso entre os melhores da temporada). O patrimônio acumulado de Jordan em 2004 estava na casa de inimagináveis 450 milhões de dólares, e seu nome e os produtos a ele relacionados já movimentaram em torno de dez bilhões de dólares na economia dos Estados Unidos.

"Perdi mais de 9 mil lances em minha carreira. Perdi quase 300 jogos. Fui escalado 26 vezes para fazer o ponto da vitória e falhei. Falhei repetidamente na minha vida. E por isso tive sucesso", disse Jordan, em uma entrevista. É importante que ninguém se sinta mal por ser bem remunerado. Poucos ganham bem, mas todos ganham honestamente.

Outro exemplo sempre citado por Parreira é a fala de John Wooden, que costumava repetir em suas entrevistas: "Não poderão encontrar um jogador sequer de minhas equipes da UCLA que diga que me tenha ouvido mencionar 'temos de ganhar este jogo de basquetebol'. Ele poderá dizer que eu deixei isso implícito em algumas das minhas palavras, mas nunca que mencionei 'vitória'. No entanto, a última mensagem que deixava aos meus jogadores, mesmo antes do início do jogo, antes de entrarem em campo, era: 'Quando o jogo terminar, quero vocês de cabeça erguida. E eu só conheço uma forma que permita sair de cabeça erguida: vocês saberem que fizeram o melhor. Isto significa o melhor que vocês podem fazer. Isso é o melhor, ninguém pode fazer mais do que isso. Façam esse esforço.'"

TREINADOR, LÍDER E MOTIVADOR

Buscar a motivação dentro de cada indivíduo

Apesar de todas essas técnicas, Parreira lembra que a motivação não é automática. E não é algo que se consiga externamente. A motivação está dentro de cada indivíduo. Uma das grandes tarefas do verdadeiro líder é despertá-la nos liderados. Parreira consegue isso com seus jogadores usando a linguagem do "futebolês", o equivalente a: influenciar os liderados por meio de atitudes positivas para o grupo.

66 Tento fazer com que os jogadores façam, de uma maneira entusiástica e prazerosa, tudo aquilo que eles querem e que o líder quer que eles façam. O treinador, por mais experiência que tenha, usa exemplos de outros comandantes de sucesso para mostrar que, muitas vezes, é preciso contrariar o interesse individual em função do resultado de grupo. 99

Quem conquista quase nunca lembra da conquista, mas do processo.

Parreira sempre teve como dogma que os vitoriosos sempre se lembrarão mais do sacrifício que fizeram para ter sucesso.

66 Dos sacrifícios, de deixar de lado os prazeres do dia-a-dia, de acordar cedo, estudar, treinar, treinar e trabalhar, cuidar do corpo, renunciar a festas e até a namoradas. 99

E sempre conta um exemplo do técnico Bernardo Rezende, medalha de ouro em Atenas, em 2004, com a seleção masculina de vôlei, outro especialista em motivar grupos e, com isso, vencer:

66 O Bernardinho me contou que, durante uma das disputas da Liga Mundial, a seleção chegou à Holanda num domingo,

Formando equipes vencedoras

aniversário da rainha daquele país. Ele queria realizar um treino, mas estava tudo fechado, nada funcionava. Ele achou um ginásio, mas não havia um funcionário sequer com a chave para abrir o local, ninguém sabia onde morava o funcionário. Além disso, o tempo estava ruim, ventava e nevava, mas Bernardinho não abria mão de um treino naquele domingo. Ao lado do ginásio fechado havia um grande estacionamento vazio. Ele pensou: vai ser aqui mesmo. E pediu a Nalbert para avisar ao pessoal que haveria treino e que seria no estacionamento. E treinaram, a maioria de cara feia, com aquela 'tromba' característica. Teve gente que ficou 15 dias sem falar direito com o Bernardinho. Conclusão: o Brasil foi campeão. Depois, já no Brasil, o Bernardo estava em casa, vendo as imagens da conquista, e ficou feliz por ver todos os jogadores repetindo: 'Também, treinamos até debaixo de neve num estacionamento... A gente merecia ser campeão.' Outro exemplo que sempre dou que vem do esporte amador é uma entrevista do nadador americano Michael Phelps, que ganhou sete medalhas de ouro numa Olimpíada. Ele disse que sabia que iria ganhar, pois ninguém havia treinado como ele, foram 350 dias num ano. **"**

O merecimento é lembrado por Parreira, como no vôlei e na Copa de 1970, na frase dita a ele pelo atacante Adriano sobre os argentinos após a heróica conquista da Copa América de 2003, no Peru (na final, foi o "Imperador" que salvou a seleção com um gol aos 47 minutos do segundo tempo, levando a decisão para os pênaltis, que deram vitória ao Brasil): "Professor, eu sabia que iríamos ganhar, porque vi como treinamos e sabia que merecíamos."

> O ser humano tira forças que não sabe de onde vêm, que nem sequer sabe que tem, quando se depara com uma situação-limite.

TREINADOR, LÍDER E MOTIVADOR

Muitas vezes, a motivação não vem só de um líder, mas de uma situação-limite.

> **66** Conto sempre aos jogadores uma história que ficou famosa na Guerra do Vietnã. Um jipe com quatro soldados americanos seguia por uma estrada de terra. De repente, eles caíram num atoleiro, chovia muito. Ao olhar ao redor, os soldados perceberam que estavam próximos de um grande acampamento vietcong. Poucos minutos depois, os americanos foram avistados pelos inimigos, que partiram para cima deles. Na ânsia de não serem fuzilados pelos inimigos, os quatro americanos conseguiram força para, cada qual pegando numa roda, simplesmente arrancar o jipe do atoleiro e, com isso, conseguir fugir. Ao chegarem ao acampamento dos americanos, os quatro soldados contaram a história. Ninguém acreditou. Para provar que era verdade, os quatro tentaram levantar o jipe novamente. O veículo nem se mexeu. Eles não conseguiram. Só conseguiram quando viram a morte de perto. Isso prova que o ser humano tem capacidades que desconhece. Capacidade de, na hora de uma dificuldade extrema, mobilizar energia. **99**

Parreira costuma concluir suas palestras com um resumo daquilo que acredita ser o que transforma uma pessoa em um profissional bem-sucedido. É o que ele chama de "Ciclo dos vencedores".

> **66** Pessoas bem-sucedidas, no futebol ou em qualquer campo, valem-se de dez fatores:

1. SONHO – Todos nós temos desejos, aspirações, sonhos. Segundo César Souza, sonhos são a primeira etapa do planejamento estratégico. As estratégias empresariais são, na maioria das vezes, fruto de um desejo pessoal transformado em sonho coletivo. São os sonhos, por exemplo, que determinarão as metas e as aspirações de uma empresa. Sem sonho, uma empresa não

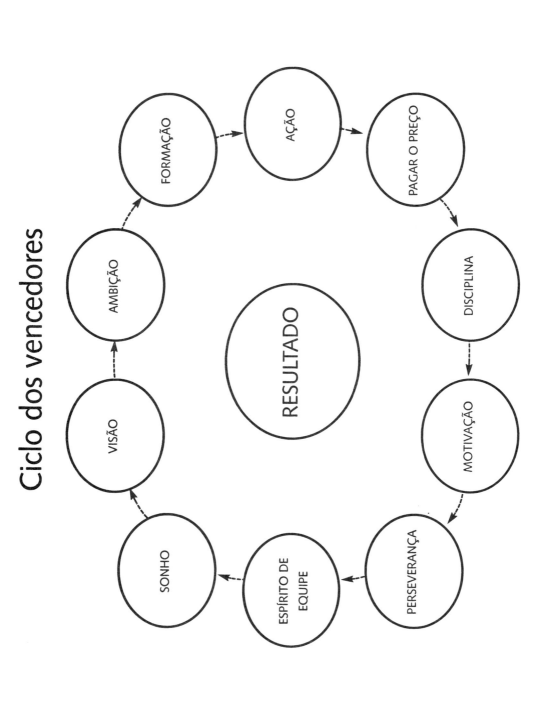

evolui. É fundamental deixar-se levar por uma grande paixão. É ela que dará forças para que superemos os inevitáveis obstáculos e as possíveis críticas.

2. VISÃO – Para chegar no destino almejado, ou seja, para que se conquiste um objetivo na vida, é preciso estar atento para enxergar as oportunidades que se colocarão diante de nós. Manter o foco no objetivo e traçar estratégias para atingi-lo é fundamental para que não nos dispersemos com outros interesses.

3. AMBIÇÃO – A ambição é um sentimento que se relaciona muito com a superação e a motivação. Desejar conquistas maiores, querer mais da vida não é pecado. Muito pelo contrário, a ambição nos leva ao progresso, nos faz lutar por algo que realmente valha a pena e provoca em nós a necessidade de sair da inércia e partir para a ação.

4. FORMAÇÃO – O desejo pelo conhecimento deve ser maior que o desejo pela vitória. É preciso desenvolver suas habilidades e talentos buscando o conhecimento em escolas e universidades e, logo que possível, colocando-o em prática. Procure aprender com os livros e com a vida.

5. AÇÃO – É preciso estar sempre em movimento, permitindo que a competitividade sirva como uma força propulsora, pois em nenhuma carreira podemos nos sentir plenamente realizados. As vitórias são passageiras e é preciso ocupar-se sempre com a conquista de amanhã. Coloque em prática seus conhecimentos e sua vivência, aproveitando as oportunidades.

6. PAGAR O PREÇO – Nada na vida é fácil. Para cada conquista, há de se pagar um preço. Abrir mão de alguns momentos de lazer, de estar com a família. Pagar o preço é ter a humildade neces-

sária para começar do degrau mais baixo até atingir o mais alto, acreditando no próprio potencial de crescimento.

7. DISCIPLINA – É preciso ter força de vontade para se concentrar em seus objetivos: ser campeão, ser o melhor vendedor, o melhor profissional, ganhar uma medalha de ouro. É preciso estar atento ao que é necessário para chegar lá e aprender a fazer renúncias e escolhas. Acordar mais cedo ou treinar mais, se for preciso, e, principalmente, manter o rigor quanto às atividades diárias.

8. MOTIVAÇÃO – Motivar é mudar comportamentos para atingir o objetivo desejado. Às vezes, um time está desmotivado e chega um novo líder que entusiasma, que agrega conhecimento, experiência, e esse time se transforma. É preciso trabalhar e *acreditar no valor* que se tem. A verdadeira motivação é a chama interior que nos impulsiona na direção dos nossos desejos e metas. O desejo de ser alguém precisa ser despertado; está dentro de cada um de nós. Para se sentir motivado é preciso se envolver em uma atividade na qual se possa alcançar metas de curto e longo prazo e que ela seja realizada com prazer. Algumas pessoas sentem-se mais motivadas do que outras por seu desejo individual. Diferentemente das necessidades biológicas – como a sede, a fome e o sono –, a motivação raramente é automática.

9. PERSEVERANÇA – Quando se tem de enfrentar adversidades, quando ninguém acredita em você, é nesse momento que estamos sendo testados pela nossa perseverança: não se deve deixar abater e não desistir nunca. O maior exemplo que dou é o que passei antes da Copa de 1994: a pressão para que eu saísse e a desconfiança de que não chegaríamos lá. Mas a perseverança não é algo para se ter só em determinados momentos, por espasmos. É um ingrediente para todos os projetos, para toda uma trajetória, para toda uma vida.

10. ESPÍRITO DE EQUIPE – Já pensou em um ambiente de trabalho em que as pessoas não riem, não brincam, não se cumprimentam? Simpatia gera simpatia; antipatia gera antipatia. Nunca terá sucesso um treinador que não estimule o bom relacionamento e, principalmente, que faça seus jogadores perceberem que não podem lutar por objetivos individuais. É preciso despir-se da vaidade e assumir o espírito de equipe. Só assim será possível fazer as estrelas de uma equipe brilharem, afinal equipe é o conjunto de talentos diferenciados com um propósito comum, o esforço conjunto de membros para realizar um mesmo objetivo. Não há dúvidas de que equipes e não indivíduos, ganham campeonatos. **99**

O sucesso é um estágio da vida, nunca o objetivo final

Com uma fábula, ele lembra que mesmo quem atingiu um determinado patamar de sucesso nunca deve se iludir com o fato de que o processo tenha acabado, de que não há mais nada a conquistar. Esse é um risco que já derrubou muita gente boa.

66 Quem teve sucesso algum dia até hoje foram pessoas que ousaram, que sonharam, que trabalharam duro. E que continuam buscando algo mais. Sempre alerto meus jogadores sobre os perigos do 'já-ganhou' ou do não há mais nada a ganhar e cito uma história que se passou no Canadá. Lá, havia um mestre de lenhadores, era o melhor lenhador de todo o país. Certo dia, ele ouviu alguém bater à sua porta e foi atender. Era um jovem, muito forte, que queria aprender com ele o ofício de cortar lenha. 'Mestre', disse ele, 'eu também quero ser lenhador e quero aprender com o senhor'. O mestre, vendo o entusiasmo do jovem, se alegrou. Eu sou professor, sei como nos sentimos ao perceber que alguém está com entusiasmo de querer aprender conosco. E com toda a disposição, com toda a boa vontade, começou a ensinar o jovem como se cortava lenha. Deu-lhe dicas, truques, traquejos, todos os dias, quase sem descanso. Ao cabo de três meses, surpreendentemente, o jovem lhe disse: 'Mestre, muito obrigado, eu já sou um lenhador. E queres saber? Sou o melhor lenhador do Canadá. Para provar isso, vou desafiá-lo: vamos estabelecer uma área, umas duas léguas, e vamos ver quem corta o mesmo número de árvores e termina primeiro. Quem vencer será o melhor'. Marcaram o dia e começaram. O jovem, com toda a sua força e energia, cortava as árvores com avidez, pra cá, pra lá. De vez em quando, dava uma olhada para o lado e percebia que o mestre descansava, sentado. O jovem pensava: vai ser moleza, mais fácil do que tomar doce de criança. Cortava, então, mais uma seqüência de árvores, olhava para o lado, e lá estava o mestre, sentadinho. Ao final da tarde, para surpresa do jovem, que ainda tinha árvores a derrubar, o mestre grita: 'Terminei!' Incrédulo, o jovem perguntou: 'Como você conseguiu fazer essa coisa incrível? Eu não parei um minuto sequer, eu não descansei um minuto. Qual foi o segredo? O que você não me ensinou?' O mestre respondeu: 'Não há segredo. Eu ensinei tudo a você. Só que, a cada vez que eu parava de cortar, aproveitava para afiar os machados.' **"**

Melhoramos e crescemos profissionalmente produzindo mais com estratégias que nos levem a nos empenhar empregando menos esforços.

A TRAJETÓRIA RUMO AO MAIOR DESAFIO

"Esportes não constroem caráter. Eles o revelam."

JOHN WOODEN

Em 1979, quando definitivamente virou treinador, Parreira ainda não tinha muitos desses conceitos sobre liderança tão fixados. Mas não demorou muito para passar a utilizá-los. E, logo na primeira experiência "oficial" como técnico, Parreira percebeu que, mais até do que como preparador físico, era mesmo na nova carreira que ele poderia ir mais longe do que a maioria no futebol.

Após aceitar a proposta kuwaitiana para assumir a seleção, a primeira providência de Parreira, como de hábito, foi convocar o velho professor Admildo Chirol para trabalhar novamente com ele. Mas só isso não seria suficiente para alcançar o sucesso num ambiente em que as condições de trabalho não eram as ideais (falta de jogadores habilidosos, pouca tradição no futebol, além das diferenças culturais que nem a condição de "elite" de Parreira naquele país era capaz de atenuar). Qual foi o segredo do sucesso?

66 A primeira coisa que fiz foi reunir um grupo de 45 jogadores até 19 anos, e trazê-los para treinar na Granja Comary, em Teresópolis. Fizemos nove amistosos aqui no Brasil só contra equipes profissionais. Perdemos todos. 99

O resultado não era importante ali. Parreira só fazia questão de conseguir jogos contra times principais de clubes de primeira linha do Brasil. Como sempre, o discípulo teve a ajuda do mestre Zagallo, que

Formando equipes vencedoras

ainda dirigia o Botafogo e tinha nas mãos um bom time com nomes de seleção, como Paulo César Caju, Rodrigues Neto, Dé, entre outros. Os meninos do Kuwait tomaram um passeio de 4 a 0.

66 Cheguei ao vestiário e disse para o meu time: 'Não tem o menor problema. Nós viemos aqui para aprender. Nosso problema está lá, na terra de vocês.' Eu não tinha qualquer tipo de pressão, fosse da imprensa ou de outra espécie qualquer. Jogamos contra Vasco, Flamengo e São Paulo. Foi um aprendizado enorme para aquele grupo. **99**

Na volta, já com Chirol, disputaram a Copa do Golfo e foram campeões. Parreira optou por manter quatro jogadores mais experientes, da época de Zagallo, mas que não eram tão velhos assim, e que fizeram o contraponto com a juventude dos demais. Além da parte tática e psicológica muito bem planejada e desenvolvida, Parreira teve todo o apoio da Federação do Kuwait e da família real.

66 O xeque dava tudo o que precisávamos. Qualquer competição importante que o time iria fazer, passávamos um mês antes na Europa, treinando nos melhores lugares, especialmente na Alemanha e em Portugal. Ele pegava uma verba entre 300 mil e 400 mil dólares apenas para uma preparação dessas e levava todo mundo para trabalhar onde fosse preciso. **99**

Mas a fartura não era exatamente porque o xeque fosse perdulário. O problema sentido de imediato por Parreira é que não era possível treinar direito no Kuwait. Não se conseguia controlar os jogadores, que eram todos amadores. A mentalidade deles ainda era infantil. Queriam fugir da concentração, queriam isso, queriam aquilo. E morre a mãe, e morre a avó, e mataram o pai, mataram a tia, mataram o primo, e queriam acompanhar o enterro. A mentalidade era totalmente amadora. Parreira lembra:

A TRAJETÓRIA RUMO AO MAIOR DESAFIO

" LIDAR COM PROFISSIONAIS é muito mais fácil. Nesse caso, você pode punir, ou encerrar o contrato se estiver insatisfeito. Mas e o amador? A única coisa que aqueles meninos queriam era carinho. Então, se queríamos ganhar alguma coisa, era preciso sair do país. Para isso, só com o apoio do governo. E o xeque, que entendia perfeitamente tudo isso e era irmão do emir, podia conseguir essas coisas. **"**

O trabalho de Parreira continuou em 1980, quando ele considera ter se iniciado uma escalada ascendente do Kuwait no futebol asiático. De cara, um novo desafio: a Olimpíada de 1980, em Moscou. Só havia uma vaga para o continente. E o Pré-Olímpico foi decidido entre Kuwait e Iraque, na primeira fase, e Coréia do Sul na fase final. Parreira conta, com orgulho:

" Vencemos os caras por 3 a 2, ganhamos da Coréia e fomos a Moscou. **"**

A campanha nos Jogos Olímpicos daquele ano também entrou para a história do país, que, pela primeira vez, conseguiria chegar às quartas-de-final de uma competição desse porte. Na primeira fase, o Kuwait conseguiu ganhar da Nigéria, um dos times de maior tradição na África e que era o então campeão do continente, por 3 a 0. Conquistaram ainda dois empates contra seleções fortes e de mais tradição: a Colômbia, que havia eliminado o Brasil (e, com isso, não foi às Olimpíadas), e a Tchecoslováquia, ambos por 0 a 0. Cabe lembrar que a Tchecoslováquia fez a final da Olimpíada com a Alemanha Oriental. E mais: naquele tempo, as equipes do bloco socialista, como Polônia, Tchecoslováquia, União Soviética e Alemanha Oriental, podiam jogar com suas seleções principais, já que os jogadores eram considerados amadores.

Nas quartas, então, o Kuwait de Parreira acabou se rendendo à maior experiência da dona da casa, a União Soviética: 2 a 1, derrota para o time que iria à Copa do Mundo de 1982, com o excepcional goleiro

Dasaev, entre outros. Na volta da Olimpíada, o time manteve o embalo e conquistou mais um título sob a batuta de Parreira.

> **"** Fomos campeões da Ásia em 1980. Foi a primeira vez que um time do Oriente Médio conquistava a Copa da Ásia, foi histórico. Quem ganhava muito era a Coréia do Sul. O Irã também sempre foi muito bem, chegou a ser tricampeão dessa competição. Era, sem dúvida, o melhor futebol da Ásia. Caiu quando começou o regime dos aiatolás. Mas agora estão voltando a desenvolver o futebol e estão classificados para a Copa de 2006. **"**

Quando se tem apoio de quem comanda, é muito mais fácil vencer

A conquista da Copa da Ásia de 1980, disputada no próprio Kuwait, é uma das conquistas que Parreira lembra com mais carinho. Além da conquista pessoal, ele se emocionou com a festa do povo e dos xeques. E eles tinham todos os motivos para festejar muito. Naquela competição, o Kuwait encarou equipes do porte de uma Coréia do Sul, sempre a grande força do continente naqueles tempos, junto com o Qatar, que era comandado por Evaristo de Macedo. Além desses, no grupo da primeira fase, estavam os Emirados Árabes e a Malásia. O Kuwait empatou com os Emirados, venceu a Malásia e foi goleado por 3 a 0 pela Coréia. Após o jogo, Parreira temeu o pior quando viu o xeque sair de seu Rolls-Royce e entrar no ônibus do time.

> **"** A Coréia deu um passeio em cima da gente. O xeque foi junto conosco para o hotel. Eu pensei que o negócio ia esquentar, mas ele passou o tempo todo incentivando o time, dizendo que não havia problema, que nós tínhamos o apoio total dele e que iríamos ganhar do Qatar. Foi o que aconteceu. O time se acalmou e, contra o time do Evaristo, goleamos por 4 a 0. **"**

A TRAJETÓRIA RUMO AO MAIOR DESAFIO

O Kuwait embalou e, na semifinal, derrubou o talentoso time do Irã por 2 a 1. Na final...

" A Coréia do Sul, sempre ela. E fizemos a festa em cima deles, 3 a 0. **"**

E, para coroar a trajetória inesquecível de Parreira no futebol do Kuwait, ele levou o time pela primeira vez a uma Copa do Mundo — naquela eliminatória, havia duas vagas para a Ásia — em 1982, na Espanha. Campanha difícil, que encheu o treinador de boas experiências sobre como comandar grupos jovens. No fim da eliminatória, quase vai tudo por água abaixo, por conta do amadorismo dos meninos do Kuwait.

" Faltavam dois jogos para conseguirmos a classificação. O primeiro era contra a Arábia Saudita, que tinha uma enorme tradição. Basta ver que, em 2006, vai para a sua quarta Copa, e que era dirigida pelo brasileiro Rubens Minelli (tricampeão brasileiro em 1975-76, com o fenomenal Internacional, e, em 1977, com o São Paulo), e depois contra a Nova Zelândia, em casa. A rivalidade entre Kuwait e Arábia Saudita é comparável à de Brasil e Argentina, nunca eu poderia imaginar isso. É coisa que envolve os chefes de Estado. Quantas vezes vi governantes ligarem pessoalmente para a concentração e oferecerem prêmios, casas, carros, entre outras coisas, para a equipe vencer os sauditas. Conseguimos fazer 1 a 0 na casa dos árabes, em Rhyad. Aí, tínhamos uma semana para treinar para o jogo contra a Nova Zelândia, no Kuwait. Bastava um empate e estaríamos, pela primeira vez, numa Copa do Mundo. E os jogadores resolveram que não queriam ficar na concentração. E o pior é que isso era responsabilidade minha. O governo paga muito bem para você tomar conta, mas ninguém cuida disso. Não aceitei e falei grosso com eles. Fiquei dormindo na concentra-

Formando equipes vencedoras

ção com os caras, vigiando cada passo deles. Havia duas entradas no centro de treinos, e eu mandei botar cadeado nas duas. Coloquei um segurança em cada saída. E deixei claro: 'Se eu souber que alguém saiu daqui, esse alguém não vai voltar nunca mais à seleção.' Deu certo. Empatamos com os neo-zelandeses e depois foi só festa. **"**

A preparação para a Copa do Mundo também foi muito bem elaborada. A seleção do Kuwait ficou treinando quarenta dias no Marrocos. O xeque Fajd Al-Yaber Al Sabah abriu o cofre e trouxe vários times de ponta para treinar com os jogadores de Parreira, entre eles os ingleses do Manchester United, Nottingham Forest e Chelsea, que era campeão europeu, além de times italianos. O Kuwait jogou um amistoso contra a seleção de Marrocos, no país vizinho, e empatou em 3 a 3. Depois, mais 15 dias na Espanha e o time começou a competição.

Naquele Mundial, com um time muito esforçado, mas menos experiente do que os europeus, o Kuwait foi eliminado na primeira fase. Ainda assim, conseguiu marcar o primeiro ponto do país em uma Copa, empate na estréia contra a Tchecoslováquia em 1 a 1. Nos outros dois jogos, foi derrotado pelas potências França (4 a 1) e Inglaterra (1 a 0, com jogo muito duro para os ingleses, cujos jogadores os kuwaitianos já conheciam, por causa dos amistosos).

Mas o Kuwait protagonizou um dos momentos mais curiosos da história das Copas, lembrado até hoje pelos torcedores. A França vencia por 2 a 1 e marcou o terceiro gol. Eis que o xeque Al Sabah invade o campo, conversa com o árbitro soviético Miroslav Stupar, que, para surpresa de todos no estádio em Valladolid, anula o gol.

" O que aconteceu foi o seguinte: naquele que seria o terceiro gol da França, minha defesa ficou parada. É que o estádio não era grande e a torcida ficava colada no alambrado. Alguém soprou um apito e, pela inocência do time, pela falta

112

de experiência, eles pararam. A bola foi metida por cima da defesa, ninguém se mexeu, o Rocheteau (atacante francês) entrou e fez o gol. O mais curioso não foi nem o xeque entrar. Ele entrou porque meu time se recusava a dar a saída. Os jogadores diziam que o árbitro havia apitado, e o árbitro, sem entender nada, repetiu que não apitara. A bola ficou parada no centro do campo e nada de o meu time querer jogar. O xeque fez, da tribuna, um gesto que muitos entenderam como se fosse para o time abandonar o campo. Não era. Ele desceu, entrou em campo, conversou durante um minuto com o árbitro e ele anulou o gol. Só não me pergunte o que eles conversaram. O xeque nunca me disse. **”**

Encerramento de ouro com título

Mas a passagem de Parreira no Kuwait ainda não acabara – ainda haveria tempo para mais uma decisão na vida do país.

“ Depois da Copa, eu já havia comunicado aos dirigentes que não ficaria. Não tinha mais nada a acrescentar em minha carreira no Kuwait, depois de quase sete anos no Oriente Médio. Mas em dezembro havia a Copa da Ásia, no Irã, e o xeque me pediu para ficar só até essa competição. Tinha um bom relacionamento com eles, sempre me apoiaram, e fiquei. O time estava bem e fomos à final, perdendo para o Iraque. Recebi, com muito orgulho, a medalha de prata das mãos da primeira-ministra Indira Ghandi. E, lembrando o início do trabalho, até 1989 ainda havia na seleção do Kuwait jogadores daquele grupo inicial que eu trouxera ao Brasil. Quando aquela geração acabou, o futebol do Kuwait também praticamente acabou. Hoje em dia, eles não ganham mais nada. **”**

Formando equipes vencedoras

O resumo do sucesso de Parreira na terra dos "petrodólares": o Kuwait foi a uma Olimpíada e à Copa do Mundo, ganhou uma Copa da Ásia e três Copas do Golfo.

❝ Há muito jogador de nome, de currículo, de países de ponta, que não tem essa trajetória. Aquela geração do Kuwait fez tudo o que um jogador profissional pode sonhar. E eu me sinto satisfeito, pois, até hoje, tenho contato com o pessoal daquela geração do Kuwait, todos ainda gostam muito de mim. ❞

O primeiro encontro com a seleção brasileira

Em 1983, Parreira se reencontrou com sua grande paixão profissional: a seleção brasileira, agora como líder principal. Mas, há anos fora do Brasil, não lhe caiu a ficha de que aquela não era uma boa hora para iniciar um romance com a seleção. Tal qual uma viúva recente, ou uma moça que acabara de ser largada praticamente no altar, a "amarelinha" ainda curtia a dor de uma Copa do Mundo que todos no país acreditavam ganha. Ou, pelo menos, entendiam que aquele time merecia ser campeão, pois era o que melhor surgira depois de 1970. Mas perdeu. E Parreira chegou logo depois da perda...

❝ O trabalho com seleção é diferenciado, seja de curto, médio ou longo prazo. Você pega uma seleção para levá-la quatro anos depois a uma conquista continental, uma Copa do Mundo ou uma Olimpíada. Há uma clara diferença para clube, que é o tamanho da responsabilidade. Com a amarelinha, você está representando um país. Tanto o treinador como os jogadores têm que estar preparados para a pressão que virá. Até porque, na seleção brasileira, não há outro resultado aceitável que não seja a vitória. Há uma cultura de vitórias que não oferece opções. Num clube, mesmo que do tamanho de um

Corinthians, São Paulo, Flamengo, Cruzeiro, Atlético-MG, a luta é para se tornar campeão brasileiro, da Libertadores, do Mundial de Clubes, títulos dificílimos de se conquistar, mas de horizontes mais definidos. **"**

" No fim de 1983, estava assumindo o cargo de diretor de futebol da CBF o Dílson Guedes, que eu conhecia bem do Fluminense. Ele me disse que gostaria de continuar comigo na seleção. Mas eu já estava certo de que aquele não era o momento de continuar. Havia, naquele tempo, a ORTN (Obrigação Reajustável do Tesouro Nacional, um indexador da instável economia brasileira, de inflação estratosférica). Então, eu fiz uma proposta de renovação de contrato com uma ORTN muito alta, que o presidente Giulite Coutinho acabou não aceitando. Mas eu não fechei as portas, o que até poderia acontecer se eu continuasse me desgastando naquele momento. **"**

A prova de que a estratégia de Parreira foi acertada é que ele seria reconduzido ao cargo número 1 entre os treinadores do Brasil por mais duas vezes. E aí o casamento daria certo!

O sucesso no futebol do Brasil: o caminho para chegar lá

Parreira começaria, então, depois da primeira passagem pela seleção, a desenvolver aquele sistema de trabalho descrito no capítulo anterior, uma espécie de caminho das pedras para o sucesso. Mas o trabalho em clubes, no dia-a-dia, é um pouco diferente do de uma seleção.

" A definição de METAS é um aspecto da motivação dos jogadores focado no esforço deles. Passei a estabelecer nos clubes meios para monitorar o progresso ou o sucesso dos jogadores.

Numa seleção, as metas são mais altas e desafiadoras. Mas também são, para os craques, mais reais e possíveis do que para os jogadores medianos. **"**

A "cartilha" que Parreira passou a adotar desde 1984 diz:

- ✪ USAR O DESEMPENHO, NÃO O RESULTADO – "Metas têm de ser alcançadas independentemente do resultado da competição. Deve-se assumir sua própria responsabilidade. Por exemplo: vou me concentrar o jogo inteiro, agora posso relaxar, vou roubar vinte bolas, vou fazer um número x de assistências, vou correr muito, vou chutar a gol sempre que tiver uma chance. São metas concretas. Se estabelecermos metas vagas, que não estão ao nosso alcance, a chance de diminuir a motivação aumenta. Exemplos: vamos vencer o jogo, serei titular, vou fazer gols. É tudo vago, nada disso depende só do jogador" – ensina ele.

- ✪ SER REALISTA – "O que o treinador diz ou pede precisa estar ao alcance do jogador."

- ✪ NEGOCIAR – "É preciso discutir o trabalho com o atleta, envolvê-lo, dialogar, fazer com que se comprometa."

- ✪ ESTABELECER METAS DESAFIADORAS – "Os grandes campeões são forjados em grandes desafios para colocar em prática todo o seu potencial."

- ✪ DEFINIR METAS ESPECÍFICAS – "Não adianta chegar para um grupo e dizer: 'Vamos ganhar!' ou 'Façam o melhor', 'Tentem!', 'Vamos passar por cima deles'. Isso é falácia. O segredo é criar estímulos concretos: 'Diminua seu tempo', 'Aumente (ou diminua) as distâncias', 'Acerte um número x de chutes ou passes', 'Recupere um número x de bolas ou de rebotes'."

- ✪ DAR RESPONSABILIDADES – "Os jogadores se sentem mais motivados quando colaboram e participam do desenvolvimento das metas, e não das que simplesmente são impostas pelo treinador. Passam a trabalhar mesmo quando não estão sendo observados. SENTEM ORGULHO DO QUE FAZEM E DE ONDE ESTÃO."

⊗ PENSAR EM CURTO E LONGO PRAZOS – "Isso serve para avaliar o desempenho. Exemplo de curto prazo: treinar rebotes ou chutes a gol durante trinta minutos por dia, três vezes por semana. Exemplo de longo prazo: fazer trinta gols até o fim do campeonato."

Um show com o time do coração, o Fluminense

Parreira começou a pôr essas regras em prática e, imediatamente, se deu muito bem. Naquele mesmo ano, em 1984, ele voltava ao seu clube de coração, onde conseguiu um dos mais importantes de seus títulos em clubes: o do Campeonato Brasileiro pelo Fluminense. Parreira acredita que as condições de um clube são fundamentais para o treinador obter sucesso nele – não são garantia de título, mas, sem elas, não se chega lá:

⊗ TALENTO

⊗ AMBIENTE DE TRABALHO FAVORÁVEL – Eliminar o que não estava dando certo anteriormente (exemplo: jogadores que não são competentes, ou que não estejam satisfeitos, que tenham problemas de contrato e, principalmente, excesso de jogadores e/ou de integrantes de comissão técnica e do departamento de futebol).

⊗ COMPETÊNCIA – Carisma, competência e o currículo do comandante.

⊗ ESTRUTURA PARA QUE O TRABALHO POSSA SER PLANEJADO E DESENVOLVIDO

⊗ ESTRATÉGIA PARA O ANO INTEIRO

⊗ PAGAMENTOS EM DIA

Formando equipes vencedoras

- ⊛ PESSOAS CERTAS NAS FUNÇÕES CERTAS (FORMAÇÃO DA EQUIPE DE TRABALHO)
- ⊛ BUSCA DO MELHOR DESEMPENHO PARA TODOS
- ⊛ UNIÃO DO GRUPO E HARMONIA ENTRE TODOS OS SETORES ENVOLVIDOS NA CAMPANHA

66 Atingir todas as condições necessárias – reunir um time de talento, propiciar um ambiente de trabalho favorável, dirigir um time com competência, oferecer a estrutura necessária, buscar o melhor desempenho de todos –, ou pelo menos a maioria delas, é um caminho que implica renúncia por parte de seu líder. Num clube, ele precisa ter paciência, saber que não vai mudar tudo o que está errado da noite para o dia. É preciso fazer, mas fazer no tempo certo. As primeiras semanas são importantíssimas para detectarmos os problemas. É aí que determinamos qual vai ser a prioridade nos treinos, se intensificamos a parte física, técnica ou tática, dependendo das necessidades do grupo. Ou seja, procurar o melhor desempenho individual e coletivo ou recuperar e elevar a auto-estima. **99**

Quando Parreira estava na parte final de seu trabalho na seleção, foi procurado por um diretor do Fluminense, que lhe ofereceu emprego, dizendo que poderia começar a pagar os salários imediatamente. Ético, Parreira disse que não aceitaria de forma alguma já que o clube tinha um treinador (Carbone). O famoso gol de Assis sobre o Flamengo, no segundo jogo do triangular final do Estadual de 1993, no último minuto da partida, deixou o Fluminense com as mãos na taça (que viria com a vitória do Flamengo sobre o Bangu três dias depois) e deu uma sobrevida a Carbone.

Mas, no meio da terceira fase do Brasileiro de 1984, Carbone foi demitido.

A TRAJETÓRIA RUMO AO MAIOR DESAFIO

66 Apesar de ter classificado o time, o rendimento não era o esperado pela diretoria, em função dos bons jogadores de que ele dispunha. **99**

Parreira sabia que era a sua hora. Mas tinha certeza, também, de que seu antecessor era querido pelo grupo de jogadores tricolores. Com isso, Parreira, em linguagem boleira, chegou "devagar".

66 Trouxe apenas o (Admildo) Chirol comigo, mantive na comissão técnica o restante dos profissionais que já estavam no clube. **99**

E foi ganhando o grupo. Nas coberturas dos jornais da época, não constam matérias sobre problemas ou crises. Os jogadores não chegavam atrasados e chegaram a criar uma "caixinha" para situações curiosas, como sentar na bola durante o treino, chegar um minuto atrasado na concentração, ou até mesmo se atrasar para sentar à mesa nas refeições coletivas – tudo isso valia multa, paga com alegria por quem eventualmente errasse.

O então diretor de futebol, Newton Graúna, contou a Parreira mais à frente que ele ganhou o grupo no primeiro treino.

66 O pessoal gostava do Carbone, senti uma comoção muito grande no grupo logo que cheguei, por causa da saída dele. Pensei: não posso me prender a isso. Tenho que ganhá-los pelo trabalho. Essa será a minha arma aqui. E, junto com ela, sempre a honestidade e a transparência. E o Graúna contou que logo no primeiro treino eles passaram a me respeitar pela eficiência do trabalho que fizemos. Foi um treino tático com ensaio de marcação, muito dinâmico, defende aqui, sai em velocidade ali, uma série de conceitos com os quais o grupo não estava acostumado, mas que passou a entender e a gostar. **99**

119

Formando equipes vencedoras

Esse treino foi numa segunda-feira. Na quinta, três dias depois, Parreira já estreava em um jogo contra o Operário-MS, que era dirigido pelo Castilho (ex-goleiro do Fluminense). Era um time que marcava muito bem, um osso duro. Mas, do outro lado, o que Parreira via não eram só jogadores. Dentro das camisas tricolores, estavam guerreiros. Parecia que jogavam uma final de campeonato. O time voava e acabou superando a retranca adversária, ganhando de 2 a 0, em São Januário.

66 A partir dali, vi que era possível ir longe. Era absolutamente impressionante como os jogadores se cobravam e como se dedicavam para não serem cobrados. **99**

Numa folga no Brasileiro, Parreira lembrou-se do início no Kuwait e levou o time do Fluminense para trabalhar em Teresópolis. Era treino de manhã e de tarde, um trabalho pesado que deixou o time em ponto de bala, muito mais bem preparado fisicamente do que qualquer outro time do campeonato, mesmo os que tinham melhores valores individuais. Parreira lembra:

66 Ao longo daquela trajetória, às vezes não tínhamos campo para treinar e íamos para colégios, ginásios. E mesmo em condições adversas, ninguém se deixava abater com nada. **99**

Com pouco tempo, era perceptível que a estratégia do treinador dava certo e que o time só deixaria de vencer por um acidente de percurso. Num dos primeiros dias de trabalho, Admildo Chirol pediu a palavra numa preleção e disse a Parreira e aos jogadores:

66 Meus amigos, aproveitem esse momento, porque isso é raro no futebol. Estou há muitos anos trabalhando com isso e um ambiente como este que temos aqui é raríssimo de se ver. **99**

A TRAJETÓRIA RUMO AO MAIOR DESAFIO

Parreira conta o segredo daquele grupo: o equilíbrio. O time aprendeu a jogar perfeitamente em conjunto, a se defender, sempre com mais jogadores atrás da linha da bola do que o adversário, e também a atacar bem com muitos jogadores no campo do adversário. Tinha essas duas virtudes, além de um grande nível técnico. E o equilíbrio fazia com que as individualidades pudessem brilhar.

Além desses predicados, Parreira estava trabalhando com um grupo bem estruturado psicologicamente, com vários líderes em campo, fora o talento individual.

66 Tínhamos líderes como Delei, Ricardo Gomes – ainda iniciante –, Duílio, que era um grande capitão, Branco. **99**

Apesar de, em qualquer competição, o ponto alto ser a decisão do título, na campanha de 1984 um dos jogos da semifinal ficou marcado na vida de Parreira: foi uma vitória sobre o poderoso Corinthians, diante de um Morumbi lotado, num jogo lembrado até hoje como uma das maiores demonstrações de empenho tático e físico de um time (no caso, o Flu de Parreira), e de supremacia sobre o oponente (aparentemente mais forte).

66 Muita gente me fala que foi o maior jogo já visto. Foi um exemplo de postura tática de um time. Uma aula de futebol. Foi 2 a 0 para nós, com um domínio total sobre o Corinthians, podia ter sido de muito mais. E ganhamos em condições adversas. Na fase anterior, eles tinham eliminado o Flamengo, que ainda tinha um time forte. Perderam de 2 a 0 no Maracanã e ganharam de 4 a 1 em São Paulo. Aí, imagine como estava o Morumbi no domingo seguinte, com aquela massa de gente empurrando o Corinthians contra nós. Sem contar a qualidade individual deles. O time tinha Sócrates, Casagrande, Zenon, Édson, Vladimir, o goleiro Carlos... **99**

Na final contra o Vasco, não podia dar outra coisa que não fosse o título tricolor. E, antes da volta olímpica no Maracanã pelo seu Tricolor no segundo jogo da final, dois domingos depois do show sobre os corintianos, Parreira repetiu aquele gesto de 15 anos antes: chorou, mas dessa vez não foi de raiva, mas de uma incontida alegria.

66 Quando acabou o jogo contra o Vasco (empate em 0 a 0, mas o Flu havia vencido a primeira partida por 1 a 0, gol de Romerito), fui para o vestiário e chorei. Tinha motivo, foi o único título brasileiro do Fluminense. Tive um enorme orgulho em participar dessa conquista, até pelo fato de ter sido invicta (nove jogos), no período em que fui o treinador (o time havia perdido na primeira fase, ainda com Carbone). O que ficou mais marcante naquela trajetória, que levo comigo até hoje, foi, como sempre, a importância da disciplina, do trabalho árduo, da dedicação e da qualidade. O Romerito até hoje me encontra e lembra daquele time, é só elogios o tempo todo. **99**

O reencontro com o mundo árabe, o aprendizado na adversidade e a derrota para o mestre

Após a experiência adquirida na seleção sobre o que não se deve fazer, e o brilho no seu Fluminense, Parreira optou por garantir um futuro ainda mais tranqüilo para os herdeiros, voltando a trabalhar no mundo árabe – dessa vez nos Emirados Árabes Unidos. Parreira ficou lá de 1985 a 1988, e fez um excelente treino para o que viria conseguir na volta ao Brasil, com o Bragantino (em 1991): um vice-campeonato que valeu tanto quanto um título. Foi na Copa do Golfo, com um time completamente inexperiente, e sem que Parreira conseguisse introduzir todas as condições necessárias para um grupo vitorioso. Ali, ele também aprendeu como não se faz.

A TRAJETÓRIA RUMO AO MAIOR DESAFIO

Apesar de não ter conquistado títulos nos Emirados, o conceito de Parreira crescia anualmente entre os países vizinhos, afinal ele colocou a seleção dos Emirados entre as melhores do Golfo. Depois de muitas sondagens, em 1988 ele recebeu um convite para ir para a Arábia Saudita.

> 66 Foi uma briga danada, porque o xeque dos Emirados não queria me liberar para ir para a Arábia. Não tive conquistas concretas no país, mas a Federação sabia o quanto eu tinha feito para melhorar o futebol por lá. Por isso, a relutância deles em me liberar. Mas eu já estava lá há três anos e meio. Vi que a proposta saudita era uma nova chance em minha vida. Além de ser financeiramente muito superior ao que eu ganhava nos Emirados, eu sabia que poderia obter muito mais conquistas, já que o futebol da Arábia é bem mais adiantado. 99

Mas, apesar das boas condições, Parreira teve de "suar" na Arábia Saudita. Lá o trabalho do treinador é bem mais difícil, porque o futebol tem muito mais importância no país e os dirigentes quase sempre se intrometem. Mas, mesmo assim, Parreira levou os sauditas ao título da Copa da Ásia, no Qatar, vencendo mais uma vez o bicho-papão Coréia do Sul, na final (um importante e incrivelmente coincidente treino para o que Parreira viveria em sua maior conquista, a Copa do Mundo de 1994: 0 a 0 contra os coreanos, vitória saudita por 4 a 3 nos pênaltis, mesmo placar da vitória do Brasil sobre a Itália em 1994).

Apesar das dificuldades, tinha um material humano melhor para formar um time. A vantagem da Arábia sobre os outros países da região do Golfo é que ela tem quarenta milhões de habitantes, enquanto o Kuwait tem apenas um milhão. Jeddah e Rhyad são metrópoles e sempre produzem bons jogadores, tanto que passaram a ser *habitués* de Copa do Mundo. Parreira lembra que o campeonato nacional é bem organizado, os clubes têm estrutura, tanto eles quanto a seleção

Formando equipes vencedoras

podem pagar altos salários a treinadores estrangeiros de experiência, e agora estão contratando também jogadores estrangeiros, especialmente africanos. Com isso, os estádios vivem cheios, ao contrário do Kuwait e dos Emirados Árabes, onde se joga para estádios às moscas.

66 Consegui aprender muito sobre organização esportiva na Arábia. O povo vai mesmo, até porque não tem muito mais o que fazer na vida. Ali, aprendi com perfeição o sentido do 'futebol como válvula de escape do povo'. Em Rhyad, o clássico local entre Al-Helal e Al-Nasr dificilmente reúne menos do que setenta mil torcedores no estádio. E olhe que só vão homens, as mulheres são proibidas de ir ao campo. Sem contar o enorme espaço que o futebol ocupa na mídia, rádios, televisão, jornais, a família real comenta, palpita, se envolve. O futebol é um fenômeno cultural impressionante na Arábia. **99**

E Parreira teve, na Arábia, os mesmos curiosos problemas do Kuwait com relação ao tratamento dispensado aos jogadores: ele tinha de ser uma espécie de pai e conselheiro deles.

66 Certa vez, um deles me chamou num canto, na véspera de um jogo, dizendo que precisava que eu o liberasse da partida para ele ir a uma cidade vizinha, Jedah. Perguntei o porquê daquele estranho pedido. Ele explicou: no dia seguinte, terminava o prazo do dote de sua futura esposa. Se ele não fosse lá acertar com o pai dela, este a 'venderia' a outro homem. Não titubeei: vá lá, não perca tempo. Ele me agradece até hoje. **99**

Na preparação para a Copa de 1990, Parreira deparou com a estranha situação de duelar com seu mestre, Zagallo, que comandava os Emirados Árabes Unidos. Nas eliminatórias, além dos dois, ainda havia outro brasileiro, Dino Sani, que dirigia o Qatar. O grupo tinha ainda China, Coréia do Norte e Coréia do Sul brigando por duas vagas para

A TRAJETÓRIA RUMO AO MAIOR DESAFIO

a Copa do Mundo da Itália, na fase final, em Cingapura. A Arábia era favorita, tinha mais tradição e acabara de conquistar a Copa da Ásia. Zagallo lembra o duelo contra o discípulo: "No jogo em que nos enfrentamos, Arábia e Emirados terminou em empate. Mas foram à Copa a Coréia do Sul e meu time, os Emirados Árabes Unidos, que era o azarão."

Mas um vencedor precisa ter sorte e, mesmo perdendo a vaga no campo, Parreira foi trabalhar na Copa. É Zagallo quem explica: "Logo depois da classificação, eu me aborreci com algumas pessoas da Federação dos Emirados (que não pagaram a premiação anteriormente acertada pela classificação para a Copa) e deixei o comando técnico. Felizmente, eu era bem conceituado entre a maioria dos dirigentes e pude fazer meu sucessor. Indiquei, é claro, o Parreira."

Mas nos Emirados não conseguiram se organizar depois da saída de Zagallo e, mesmo com Parreira à frente, o time foi eliminado na primeira fase na Itália.

Vice que valeu como título no Bragantino – 1991

Após a Copa de 1990, Parreira concluiu que já tinha condições de garantir o futuro das próximas gerações sem acabar com o prazer da atual. Por Leila e pelas meninas, era hora de voltar para casa. Ele chegou ao Brasil em setembro e precisava de um descanso. Fez isso até o fim daquele ano, quando começou a sentir saudades da bola. No início da temporada seguinte, no Rio, os treinadores dos quatro grandes clubes renovaram seus contratos, e Parreira sentiu que não seria difícil trabalhar em seu estado natal.

Falando em Natal, pouco antes do dia 25 de dezembro Parreira receberia um "presente": um telefonema de Marcos Chedid, vice-presidente do Bragantino (filho de Nabi Abi Chedid, homem forte do clube, e sobrinho de Jesus Chedid, o presidente), clube de pouca tradição do futebol paulista, mas que havia conquistado o Campeonato

125

Formando equipes vencedoras

Estadual e fora campeão da segunda divisão do Brasileiro sob o comando de Vanderlei Luxemburgo. O convite precedeu uma visita à casa de Parreira.

66 Entre o telefonema e a visita **99** – conta Parreira, rindo –, **66** confesso que dei uns telefonemas para me informar. E o mais curioso é que todos a quem eu consultei me falaram muito bem do Bragantino. O clube tinha um bom grupo de jogadores e uma ótima estrutura de trabalho. **99**

Após aceitar mais um desafio na carreira, Parreira tentou convencer o eterno professor Admildo Chirol a ir com ele. Chegou tarde, Zagallo havia sido mais rápido e levado Chirol para o "mundo árabe". O plano B era o preparador físico Luís Carlos Prima, amigo de Parreira, que passa a acompanhá-lo em várias jornadas (incluindo a conquista da Copa do Mundo de 1994), e que deixou o Flamengo para trabalhar no time do interior paulista. Além disso, Parreira levou para Bragança Paulista outro novo e fiel escudeiro, o preparador de goleiros Nielsen Elias.

Parreira lembra de um fato curioso ocorrido no dia de sua chegada, que o ajudou a ficar em sintonia com seus novos comandados. Para se apresentar aos jogadores em Bragança Paulista, ele, que ainda não havia atingido o meio-termo entre seu estilo pessoal mais formal e a informalidade dos atletas, vestiu um terno bonito, italiano. E era janeiro, um calor absurdo no interior paulista. O vestiário estava um inferno de quente. Parreira conta, às gargalhadas:

66 Quando cheguei, o pessoal estava todo de bermuda, sandálias, aquelas camisetas cavadas sem manga... Vi aquilo e pensei: meu Deus do Céu, onde é que estou me metendo. Mais na frente, o Jesus Chedid me contou, rindo: 'Parreira, quando você chegou ao clube naquele dia e eu vi aquela cena, pensei: Hum, esse cara não vai se adaptar aqui, não. Isso não vai dar certo.' **99**

A TRAJETÓRIA RUMO AO MAIOR DESAFIO

Mas a primeira impressão, nesse caso, não foi a que ficou.

66 Logo, logo, o grupo percebeu que eu era um cara de trabalho. Conquistei o grupo pelo trabalho. (Quem se lembra do início de trabalho no Fluminense, em 1984?) **99**

Harmonia em equipe: fator essencial para o sucesso

66 Foi uma opção certíssima. Adorei a cidade, o grupo era bom. Foi um dos melhores exemplos de minha carreira de como é importante um grupo ser unido. O 'gostar-se' leva invariavelmente a vitórias. Outra prova disso foi uma entrevista recente que vi do alemão Fritz Walter, capitão do time alemão campeão do mundo em 1954. Ao ser perguntado sobre o segredo da vitória na final em cima da poderosíssima e decantada seleção da Hungria, ele não respondeu nada sobre tática, marcação sobre o gênio Puskas. A resposta dele foi: *amizade*. Ganhamos porque éramos amigos, porque corríamos uns pelos outros, porque queríamos que todos vencessem. **99**

Esse sentimento foi se formando porque Bragança, que era muito pequena, não oferecia muitos atrativos além de jogar futebol. Parreira sentia no contato diário com os jogadores que eles adoravam treinar, adoravam passar o dia no clube. Conseguiam arranjar qualquer motivo para estar juntos.

66 Eu nunca fui tanto a aniversários de bonecas como em Bragança. As meninas, filhas dos jogadores, iam ao clube e pediam: 'Tio Parreira, amanhã é o aniversário da boneca de não sei quem, vai lá com a gente.' E vai botando aí aniversário de cachorro, churrasco... E eu entendia o que era aquilo: tudo era mo-

Formando equipes vencedoras

tivo para que o grupo estivesse reunido. É um exemplo de vida que sempre uso em minhas palestras. Até hoje, quando faço alguma viagem a São Paulo, volta e meia aparece algum jogador daquele grupo para me rever e lembrar aquele trabalho maravilhoso. Foi numa dessas que fiquei sabendo que pelo menos metade daquele grupo de atletas mora até hoje em Bragança. A maioria já encerrou a carreira e se estabeleceu na cidade. **"**

Essa energia positiva passava diretamente para dentro de campo, nas partidas. A temporada do Bragantino foi histórica. Com Parreira, o time perdeu apenas três jogos no Brasileiro. Na primeira fase, foi o segundo time com mais pontos. Mas, somando com a semifinal, foi a equipe que mais pontuou. Por isso, chegou com vantagem à grande decisão contra o São Paulo de Telê Santana – Parreira podia ser campeão com dois empates.

" O time era muito bom. O goleiro Marcelo era bom. O lateral Gil Baiano era bom, o Nei era um quarto zagueiro de excelente nível. No meio-campo, tínhamos o Biro-Biro, que era força pura, valente que só ele, Mauro Silva (que seria campeão do mundo com Parreira em 1994), Pintado (que seria campeão do mundo pelo São Paulo, com Telê Santana, no ano seguinte). Mais à frente, jogávamos com Mazinho, João Santos, um excelente meia, formado também no Fluminense, o Sílvio de centroavante, Ivair, que já era mais experiente e nos ajudava muito. **"**

Dinheiro não é fator preponderante para o sucesso

No Bragantino, Parreira conviveu com uma realidade de aperto financeiro, que o ajudaria muito em tarefas futuras, como a campanha

A TRAJETÓRIA RUMO AO MAIOR DESAFIO

com o Fluminense na Terceira Divisão. Parreira e o time se concentravam num casarão, fora da cidade. Era uma casa bem antiga, na qual chegavam às vezes a ficar dez pessoas dormindo no mesmo quarto. No total, eram quatro quartos, com mais de vinte pessoas concentradas. Não havia dinheiro para hospedagem em um hotel. As refeições eram feitas lá mesmo, tudo muito modesto. Mas o que valia eram a vontade, a força de trabalho, a determinação, a disciplina. O Bragantino passou o Brasileiro inteiro sem um único problema disciplinar.

Um dos jogos inesquecíveis daquela campanha foi a semifinal, a exemplo de 1984. Dessa vez, Parreira estava do lado oposto ao do seu Fluminense. Na primeira partida, empate em casa. Na segunda, diante de um Maracanã lotado de tricolores, Parreira eliminou seu clube do coração por 1 a 0, em outra grande atuação tática. Parreira lembra:

❝ Foi gol do Franklin (atacante formado nas divisões de base do Fluminense), no finzinho da partida. **❞**

E o time chegava à final. Mas a pergunta inevitável era: Por que não foi campeão?

Às vezes, ser o segundo vale mais do que ser o primeiro

Chegar a uma final de Brasileiro com um time que, pela primeira vez, disputava uma competição desse tamanho já significava, para cada integrante daquele grupo, do presidente ao porteiro, ser campeão.

❝ É preciso ser realista. O São Paulo estava disputando a terceira final seguida e havia perdido as duas anteriores (em 1989, derrota no Morumbi para o Vasco por 1 a 0, gol de Sorato, e, em 1990, derrota para o grande rival Corinthians, 1 a 0

129

Formando equipes vencedoras

nas duas partidas finais, gols de Wilson Mano, na primeira, e Tupãzinho, na segunda). Quando saiu o São Paulo como nosso adversário, logo pensei: isso não é bom, vamos ter de jogar muito, mais do que podemos, para ganhar. **"**

O ambiente todo era propício ao título do São Paulo. E não era nada com relação à arbitragem, nem havia qualquer suspeita de armação. A questão era o fato de ser a terceira final seguida do Tricolor paulista. Sem contar o fato de que tinham um timaço comandado por Telê Santana. Vejamos: Zetti, Cafu, Ricardo Rocha, Ronaldo, Leonardo, Raí, Müller (todos os oito [!] que viriam simplesmente a ser campeões do mundo em 1994 com Parreira, na Copa dos Estados Unidos), Antônio Carlos na zaga, Bernardo no meio-campo, Elivélton e Mário Tilico – este com um belo faro de gol (e que fez o da primeira partida da final contra o Bragantino). O Braga perdeu de 1 a 0 no Morumbi e empatou por 0 a 0 em Bragança.

O público da cidade entendeu perfeitamente a importância daquela campanha e não lamentou o vice-campeonato. Até pelo esforço da diretoria em fazer a cidade entrar para a história, sendo o palco de uma final de Brasileiro.

" Fiquei um pouco decepcionado, mas não tinha outro jeito. Até mesmo no caso da final, para o nosso time seria muito mais interessante disputar as duas partidas no Morumbi. O Bragantino vencia muitos jogos fora de casa (antes da final, foram cinco vitórias, quatro empates e apenas uma derrota, para o Sport Recife, em dez jogos fora de Bragança). Mas a família Chedid tinha uma dívida de gratidão com a cidade, e eu entendi perfeitamente isso. Bragança apoiou o clube. Em dias de jogos, a cidade se enfeitava com balões e bandeirinhas, pintava-se inteiramente de preto e branco. Então, tanto do ponto de vista técnico, já que o campo era menor e pior, quanto financeiramente, havia o interesse em jogar o segundo jogo também no Morumbi. Mas nunca devemos deixar de lado em qualquer situação a GRATIDÃO. **"**

Esse foi mais um episódio que fixou no treinador o conceito de que uma derrota não significa o fim do mundo.

" Isso vale para o futebol e para a vida. O importante é que na derrota você extraia ensinamentos para crescer. Às vezes, você faz um mau investimento, ou muda de ramo, ou há um relacionamento amoroso que não deu certo, tudo isso acontece com qualquer um e deve-se aprender, para voltar mais forte. Essa é a diferença entre vencedores e perdedores. **"**

> A diferença entre vencedores e perdedores
> é que o vencedor se fortalece com o erro;
> e o perdedor o lamenta.

A conquista do mundo em 1994

A campanha com o Bragantino consolidou no presidente da CBF, Ricardo Teixeira, a certeza de que era a hora de ele concretizar um sonho antigo. Mais do que isso: depois de uma experiência malsucedida com um novato no cargo (o ex-jogador e hoje comentarista Paulo Roberto Falcão), era o momento de colocar como comandante do principal time do país alguém com experiência também em futebol internacional. E o nome era Parreira. Era a hora dele.

Na metade do segundo semestre de 1991, Parreira já tinha em mente que, num ambiente de alto nível, como o da seleção brasileira, a equipe só terá sucesso se for muito bem trabalhada. No caso do comandante, Parreira diz qual é o primeiro passo para chegar a ter sucesso com ela.

Formando equipes vencedoras

❝ Não adianta chegar lá dizendo 'Vamos ganhar'. É balela. É preciso planejamento. É no dia-a-dia. A gente começa a ganhar uma Copa no dia seguinte ao término da anterior. Você está sozinho. E tem de fazer o melhor, mesmo que não exista ninguém olhando. Essa turma de seleção não gosta de bajulação, de tapinhas nas costas. Eles gostam de um relacionamento objetivo e respeitoso. E de trabalho. **❞**

Se não se pode ganhar sempre, ganha-se na hora certa

A Copa de 1994 foi a hora mais certa da carreira de sucesso de Parreira.

❝ O Brasil estava há 24 anos sem vencer um Mundial e, sendo o país do futebol, a pressão a que a comissão técnica era submetida desde as eliminatórias, um ano antes, era quase insuportável. Tanto que, quando fomos campeões, pensei em nunca mais voltar ao cargo de técnico da seleção. Nós fomos massacrados impiedosamente pela mídia e por parte da torcida. Talvez nenhuma comissão técnica, nenhum treinador, nenhuma equipe tenham sofrido o que sofremos antes de 1994. Mas o grande mérito da comissão foi perseverar, não desistir nunca, manter-se fiel à filosofia de trabalho, acreditar no que estávamos fazendo e manter-se firme até a conquista final. **❞**

Na mesma linha de raciocínio, Zagallo comenta: "Falaram muita bobagem. Disseram que aquele não era o futebol brasileiro, que só queríamos saber de futebol-competição. Além do mais, diziam que não daria certo dois treinadores, que eu não seria só coordenador, que iria me meter no trabalho do Parreira. Quem teve a idéia e bancou-a até o fim, apesar das pressões, foi o presidente da CBF, Ricardo Teixeira.

E eu sempre soube me colocar no meu lugar, a palavra final é sempre a do treinador – no caso, o Parreira."

Manter-se firme não significa imobilismo ou incapacidade de mudar o que não funciona bem para que todos se beneficiem. Parreira costuma lembrar uma característica de Copas do Mundo.

66 Desde a Copa de 1930, a primeira, só houve uma vez em que o time que começou a disputa foi o mesmo que terminou campeão com os mesmos titulares: foi na Copa de 1970, quando fomos campeões. Nas outras, sempre aconteceram mudanças ao longo da trajetória. **99**

Na primeira fase do trabalho, no fim de 1991 e em 1992, as coisas estavam tranqüilas a ponto de Parreira ter tempo de se dedicar a uma de suas paixões, a pintura.

66 Por incrível que pareça, quando eu era o técnico da seleção, em 1991 e 1992, foi a época que mais produzi, tinha tempo e sossego. Foi minha fase mais criativa. Mas só sei pintar marinhas, casarios, eu tenho um estilo bem definido. Gosto que o mar esteja presente, barcos. **99**

A filosofia de trabalho do comando daquele grupo baseava-se em nove linhas mestras:

⊛ Manter acesa a mística da camisa amarela.

⊛ Focar num único objetivo: ser campeão do mundo.

⊛ Inovar e se superar.

⊛ Avaliar bem as perspectivas de lucros e perdas com o título.

⊛ Buscar o erro zero e a eficiência máxima.

⊛ Impor a maneira brasileira de jogar aos adversários.

Formando equipes vencedoras

⊗ Trabalhar sempre no limite.

⊗ Mobilização total para cada partida.

⊗ Acreditar até o final.

Nessa linha, Parreira concluiu que era preciso conciliar o trabalho em campo com o trabalho de motivação do grupo. Os valores individuais não existiam na mesma quantidade da seleção de hoje. Assim, não se podia abrir mão de um gênio como Romário. O "Baixinho" havia tido problemas com Zagallo no fim de 1992, por não aceitar ficar no banco num amistoso em Porto Alegre. Parreira deixou-o de molho até o último jogo da eliminatória, contra o Uruguai, no Maracanã, quando o Brasil precisava vencer e, portanto, a prioridade era dos melhores. Romário foi chamado e acabou com o jogo, fez os dois gols da vitória brasileira.

O lateral Branco, peça fundamental em duas conquistas de Parreira (Flu, em 1984, e seleção, em 1994), sempre costuma lembrar esse jogo com o Uruguai. E ele teria até motivos para apontar outro como seu jogo inesquecível – o Brasil 3 x 2 Holanda, pela Copa de 1994, em que fez o gol da vitória heróica da seleção.

66 Tive dois jogos na minha vida que me enchem de orgulho como profissional. Nos dois, fui comandado pelo Parreira. O primeiro foi (o já citado) contra o Corinthians, pelo Fluminense, aquele show em São Paulo. E o segundo foi a vitória sobre o Uruguai no Maracanã. Foram as maiores exibições de times de que eu participei. **99**

Vaga assegurada, chegada aos Estados Unidos.

Parreira tinha dois "auxiliares" em campo: Dunga, o capitão, respeitado por sua seriedade e por sua capacidade de liderança, e o zagueiro Ricardo Rocha, outro líder nato, e um exímio contador de casos e anedotas que contundiu-se pouco antes da Copa. Mas continuou no grupo, pois sabia motivar a equipe.

A TRAJETÓRIA RUMO AO MAIOR DESAFIO

Era o início da construção do conceito de *team-work*, esforços conjuntos de membros de uma equipe para alcançar um objetivo. Mais: ao transformar aquele grupo numa família (com todas as contradições, os conflitos, a união e o amor de qualquer outra), Parreira levou enormes vantagens no aspecto emocional da equipe do Brasil. Apesar disso, o descrédito externo só aumentava. Às vésperas do Mundial, a revista *Veja* qualificava Parreira como "o homem mais criticado do Brasil".

66 Aquele grupo entendeu bem que, numa equipe, todos perdem ou todos ganham, e sempre carrego esse conceito por onde passo. Uns trabalham mais, outros trabalham menos, e têm diferentes funções e responsabilidades. Juntos, colaboram para o sucesso da equipe. Cabe ao treinador descobrir quem é o pegador, quem é o criativo, quem é o habilidoso, quem é o finalizador de jogadas. É o que chamamos de busca do equilíbrio, que não pode faltar nas equipes vitoriosas. 99

Em campo, Parreira montou um esquema que viria a se mostrar perfeito na prática, embora muitos o chamassem de pouco ousado ao longo da campanha.

66 Tenho um artigo do alemão Sepp Herberger (campeão mundial comandando seu país na Copa de 1954) dos anos 1950, que era um conceito visionário por permanecer válido até hoje. É a coisa mais inteligente que alguém já disse sobre futebol: 'Time bom é aquele que sabe defender e atacar com a máxima eficiência.' Se alguém conhecer ou tiver ouvido algo melhor do que isso, por favor, me avise, pois estou tentando descobrir há mais de vinte anos e ainda não consegui. O time de 1994 foi um dos que melhor conseguiu introjetar esse conceito de ataque e defesa com eficiência máxima. O time era muito equilibrado. E organizado para saber jogar com a bola e sem a bola. Com a bola,

135

Formando equipes vencedoras

estilo brasileiro. Toque de bola, bola no chão, ninguém via aquela seleção dando chutão pro alto. E sem a bola, luta incessante para retomá-la, mas organizadamente, sem deixar buracos, sempre com oito ou nove homens atrás da linha da bola. Nem mesmo se pode dizer que jogávamos ao estilo europeu, pois nunca marcamos homem a homem. A marcação era a da escola brasileira, por zona, fechando os espaços. **"**

Sem a enorme quantidade de talentos individuais que tem hoje, Parreira tratou de explorar ao máximo o que cada jogador podia render.

Um exemplo foi Mazinho, que começou a carreira no Vasco jogando como lateral. Foi para a Europa e virou meio-campo. Na meio da Copa, ganhou a vaga de Raí, que não conseguia desenvolver o futebol do bi mundial com o São Paulo (1992 e 1993).

" No jogo contra os Estados Unidos, Mazinho jogou em três posições diferentes na mesma partida. Como armador, como volante e como lateral. Isso é versatilidade. **"**

O resultado final desse trabalho foi conhecido pelo mundo no dia 17 de julho de 1994, no estádio Rose Bowl, em Pasadena, Los Angeles. O grupo de jogadores que participou dessa Copa deu ao treinador vários exemplos de vida, que ele passou a utilizar tanto em seu trabalho no futebol como nas palestras motivacionais. Um deles foi o que disse o goleiro Taffarel, após a conquista, tocando na questão da prevalência do grupo sobre o indivíduo.

" Ele comentou no vestiário, lá em Pasadena: 'Professor, graças a Deus que o Baggio chutou pra fora e eu não defendi. Assim, não há um herói, todos serão lembrados.' **"**

Outro símbolo de volta por cima foi o capitão Dunga, uma espécie de "Parreira" jogando.

A TRAJETÓRIA RUMO AO MAIOR DESAFIO

❝ Depois da Copa de 1990, o Dunga foi um jogador que ficou definitivamente marcado.* Tudo o que acontecia de desgraça no Brasil, o culpado era o Dunga. Enchente no Amazonas, a culpa é do Dunga. O dólar aumentou, a culpa é do Dunga, a inflação subia, era culpa do Dunga. E ele caladinho, quieto. Até que o convoquei novamente, quando voltei à seleção, em 1991. Ele aproveitou a oportunidade, segurou-a, e se transformou no grande líder da conquista do título mundial de 1994, como capitão da equipe. Foi um verdadeiro exemplo de volta por cima e de superação. **❞**

Aquela Copa fez Parreira, dez anos depois da emoção com o título do Fluminense, voltar a chorar. Foi quando o avião que trouxe a delegação de Los Angeles aterrissava no Aeroporto dos Guararapes, em Recife.

❝ Ali consegui ver a cara das pessoas esperando por nós. A praia da Boa Viagem estava lotada de ponta a ponta. Vi a cara das pessoas, a emoção. Daí caiu a ficha. Fico arrepiado quando lembro. **❞**

Esse Mundial foi tão rico em experiências para Parreira, que serve de exemplo até sobre o que não se deve fazer. Sobre isso, ele admite:

❝ Para não dizer que foi uma experiência perfeita, digo que eu poderia ter curtido melhor a vitória. Qualquer conquista é importante e merece ser vivenciada. Voltei ao Brasil com a delegação e, duas semanas depois, estava em Valencia, na Espanha, trabalhando no Valencia. No ano seguinte, fui trabalhar na Turquia. Ou seja, voltei ao Brasil somente dois anos depois do tetra. Se fosse hoje, eu ficaria aqui para sentir a alegria do povo, o calor

---

* Eu trabalhava no *Jornal do Brasil* à época da Copa de 1990. Após a derrota para a Argentina, nas oitavas-de-final (que deixou o Brasil em 12º lugar, a pior colocação do país em Copas do Mundo), o *Jornal do Brasil* sentenciou num título "O fim da Era Dunga", numa referência ao futebol-força que era praticado pelo jogador. (N. do A.)

Formando equipes vencedoras

da torcida, saborear melhor uma conquista que foi tão esperada e tão importante para o futebol brasileiro. Eu deveria ter recusado o convite dos espanhóis. **"**

Foi uma conquista que chegou até a aflorar um lado místico em Parreira, que os grandes líderes não devem deixar totalmente de lado Ele sempre achou que tinha sorte com o número 7. Parreira, aprendiz do supersticioso Zagallo (sete letras), que, como é de domínio público, venera o número 13, observa:

" Não significa nada de concreto, mas cria uma motivação, uma força positiva. Nasci num dia 27, do ano 43, que, somados, dão 7. Antes daquela Copa, os jogadores se apresentaram no dia 17 de maio, nosso primeiro jogo foi no dia 17 de junho e, depois de sete jogos, fomos campeões no dia 17 de julho. **"**

Um vencedor trabalha até nas férias

Depois de ser campeão do mundo e de mais de uma década submetendo a família às diferenças culturais e à distância do Brasil no mundo árabe, Parreira pôde dar-se ao merecido luxo de escolher a dedo os próximos trabalhos e preocupar-se mais em proporcionar conforto à mulher e às filhas do que propriamente em acumular títulos. Vá lá, houve a Turquia, em 1995/1996, oportunidade em que ele decidiu manter o nível do currículo, seguiu a própria cartilha de sucesso e teve um enorme êxito ao ser campeão nacional pelo Fenerbahce. Mas no Valencia, em 1994/1995, e no New York Metrostars Parreira curtiu mais outros aspectos, especialmente os turísticos e culturais, do que propriamente o futebol – registre-se que, antes do Metrostars, Parreira teve uma rápida passagem pelo São Paulo no segundo semestre de 1996, mas não teve tempo de transformar o grupo tricolor num *time*.

A TRAJETÓRIA RUMO AO MAIOR DESAFIO

❝ Na Espanha, aprendi a fazer alguns pratos típicos, não sou um exímio cozinheiro. Vivi um ano em Valencia, terra da paella, e gostei tanto que aprendi a fazer esse prato. Hoje faço uma paella, um risoto de camarão... Não sou mestre-cuca, mas faço uma paella de dar inveja ao dom Curro. Já de Nova York (onde trabalhou em 1997, no New York Metrostars) tenho muitas saudades. Além do lado profissional, fui para lá para proporcionar a mim e a minha família um ano de atividades culturais do melhor nível. Nova York é a meca cultural do mundo. As grandes peças, os grandes artistas, os grandes espetáculos vão para lá porque o dinheiro está lá. As grandes exposições de pintura, eu assisti lá: Claude Monet, Henry Matisse. Aproveitei bastante. Todas as peças teatrais, os filmes. Tudo a que tive direito por um ano e meio. ❞

Campeão na Turquia em 1995 e 1996

Depois das merecidas "férias" na Espanha, Parreira optou por aceitar uma bela proposta em termos financeiros do Fenerbahce, da Turquia, e tentar acrescentar mais um título à sua carreira. Coincidência ou não, o futebol turco, que tinha muita influência do estilo cintura-dura dos treinadores alemães, mudou e cresceu, aprendeu algumas manhas do estilo brasileiro, crescimento que ficaria explícito no terceiro lugar que o país conseguiu na Copa do Mundo de 2002 (perdeu na semifinal para o Brasil, do endiabrado Ronaldo, e, mesmo assim, fazendo jogo duro e levando apenas 1 a 0).

❝ O futebol na Turquia é uma mistura de fanatismo e religião. A torcida do Fenerbahce é tão fanática quanto a do Corinthians ou a do Flamengo. Mas as equipes têm um bom nível. Não apenas ensinei na Turquia. Também aprendi. Especialmente a jogar contra times que usam dois líberos e contra a marcação individual implacável. ❞

Parreira via nos turcos qualidades parecidas com as dos brasileiros: habilidade e bom toque de bola. No entanto, o time pecava por atacar muito, sem a preocupação de se defender. Faltava o que Parreira sempre busca em seus times: equilíbrio.

No campeonato de 1995, Parreira superou o principal nome entre os técnicos turcos: Senol Gunes, que conquistaria o terceiro lugar na Copa do Mundo de 2002. Ele dirigia o Trabzon, que chegou à antepenúltima rodada com um ponto de vantagem. Se vencesse o Fenerbahce, ficaria praticamente inalcançável. O time de Gunes chegou a estar na frente por 1 a 0, mas o time de Parreira virou e Gunes foi mandado embora – ficou sem emprego durante dois anos. Na última rodada, o Trabzon fez a sua parte, aplicou uma goleada de 7. Mas esse, como se sabe, é o número de sorte de Parreira. O Fenerbhace também venceu seu jogo e ficou com a faixa de campeão.

Foi uma campanha inesquecível, em que Parreira, apesar das dificuldades com a língua (mais até do que nos países do mundo árabe), conseguiu formar um grupo, e encontrou nos jogadores total receptividade com relação a seus conceitos motivadores.

A conquista no Fluminense

No dia 16 dezembro de 1998 assumia a presidência do Fluminense o "triunvirato" composto por David Fischel, Francisco Horta e José de Sousa. O time havia sido rebaixado na segunda divisão do Brasileiro, e os dirigentes concluíram que somente um nome como Parreira poderia tirar a equipe da terceira divisão. O treinador voltara recentemente de uma frustrante e já citada experiência no comando da Arábia Saudita na Copa do Mundo de 1998. Acostumado a convocar, dessa vez o comandante foi convocado pelo Tricolor. Como em 1974, 25 anos depois, o mesmo Francisco Horta bateu à porta de Parreira para levá-lo para as Laranjeiras.

A TRAJETÓRIA RUMO AO MAIOR DESAFIO

– Parreira, não vejo outra pessoa capaz de uma tarefa dessa grandeza que não seja você – disse Horta ao treinador.

Foram contratados Parreira e os fiéis escudeiros de 1994: Américo Faria, Moracy Santana, Lídio Toledo e o "espião" Jairo dos Santos. Essa constelação contrastava com aquisições de nível mediano que vieram para jogar no início de 1999: França, Marcelinho Paulista, Alexandre Lopes, Gelson Baresi, Aílton Cruz, Odair, Jean Carlos e Túlio.

Parreira lembra a questão de *pagar o preço*:

66 Ao treinar o Bragantino em 1991, acabei chegando à seleção. Em 1999, quantos pegariam o Fluminense na terceira? Além de ter isso bem claro, também foi importantíssima a presença de Francisco Horta. Ele foi o grande incentivador para que eu assumisse, foi uma pessoa maravilhosa. E, como todos sabem, gosto muito do Fluminense e queria ajudar e colaborar com o clube. Não me senti, nem por um momento, menos importante, *menos digno*, ou mais humilde por trabalhar numa terceira divisão. Nunca me passou pela cabeça que isso fosse estragar ou diminuir meu currículo. Muito pelo contrário: *Aquilo era um desafio de trabalho.* **99**

Experiente, Parreira aceitou também porque sabia que o Fluminense não podia deixar de subir logo naquele ano, sob o risco de ficar na Série C por muito mais tempo.

66 Tinha de ser rápido, senão eu não sei o que poderia acontecer com o Fluminense. Se deixar a coisa rolar e ficar na terceira por dois ou três anos, a coisa degringola. O torcedor desanima. **99**

Parreira começou em janeiro um trabalho diário e intenso com os jogadores. É o que ele define como o grande segredo da conquista, que ele usa até hoje em palestras para empresários, quando fala de situações de dificuldade, de reveses, ou de "voltas por cima". O grande

141

Formando equipes vencedoras

trabalho inicial foi fazer o grupo *parar de se sentir como um time de terceira divisão*. Na primeira palestra, ainda em janeiro, Parreira lembrou ao grupo que ele estava sendo comandado por alguém que já havia sido duas vezes *campeão do mundo*, e que trouxe uma comissão técnica também campeã mundial em 1994 – e que hoje está de volta à seleção.

66 Veja que ironia do destino, mal podia pensar naquela época que sairíamos da terceira divisão para voltar a jogar uma Copa do Mundo. Então, falei bem claramente: estamos aqui porque sabemos da grandeza do Fluminense. A situação pela qual o clube passa acontece com qualquer um. O Milan, um dos maiores clubes da Itália, já viveu a mesma situação e subiu, e outros tantos na Europa fizeram o mesmo. Nós estamos eventualmente disputando a terceira divisão do Brasileiro, mas continuamos na primeira divisão do Estadual e na primeira divisão do Torneio Rio-São Paulo. Então, não estamos num clube qualquer. Este é o Fluminense, o clube que tem o maior número de conquistas estaduais no Rio de Janeiro. **99**

Outro trabalho fundamental de Parreira no início foi mudar o ambiente de trabalho, para ajudar os jogadores a acreditarem em tudo o que lhes foi dito no primeiro dia. O orçamento era muito baixo. Era grana curta e contada. Muitos jogadores foram para o Fluminense única e exclusivamente pela presença de Parreira. Eles sabiam da condição financeira precária, mas tinham a certeza de ganhar pouco, mas *em dia*.

66 Apesar de tudo isso, alertei a diretoria: um time que quer voltar à primeira divisão não pode conviver com um vestiário nestas condições. O grupo já começa derrotado. Quem conhece o Fluminense e sua grandeza não podia aceitar aquelas condições. Era impressionante a decadência em que estava aquilo lá. **99**

A TRAJETÓRIA RUMO AO MAIOR DESAFIO

Ciente das dificuldades, Parreira usou seu prestígio pessoal para conseguir a reforma. Chegou a pedir ajuda à amiga decoradora Julinha Serrado, que fez um projeto visual para o vestiário das Laranjeiras. Foi tudo mudado, criou-se uma sala de musculação, e logo os jogadores passaram a se sentir bem no trabalho. A auto-estima do grupo cresceu com a mudança.

A comissão técnica passou o primeiro semestre inteiro enviando mensagens também aos torcedores, para que esquecessem o Torneio Rio-São Paulo, a Copa do Brasil, o Campeonato Carioca e demais torneios: o alvo era o Campeonato Brasileiro da Série C, no segundo semestre. O foco era tamanho na tarefa de recolocar o Fluminense entre os grandes que o time, de fato, acabou sendo eliminado do Rio-São Paulo, da Copa do Brasil – após uma humilhante derrota para o Juventude por 6 a 0 – e terminou em terceiro lugar no Estadual.

66 Mas o projeto continuava, porque o objetivo era voltar à Série B. O senso visionário de Horta era sensacional. Desde antes de eu assumir oficialmente o cargo, ele deixou bem claro para mim: 'Parreira, se em dezembro de 1999 o Fluminense tiver retornado à segunda divisão, a missão estará totalmente cumprida.' **99**

Na chegada do segundo semestre, a maioria dos contratados foi dispensada, pois, apesar da presença de Parreira, eles se negavam a jogar a Série C. Os salários mantinham-se em dia, mas vieram jogadores de pouca experiência: Betinho, Mano, Gabriel, Paulo Roberto, Carlos Alberto, Sandro Ayret, Joel Cavalo, Vinícius, Marcão e Trenevski – este veio para testes. No meio do campeonato, para melhorar o nível, vieram os experientes Válber, Yan e Arinélson.

Mesmo com um time fraco, a torcida tricolor percebeu o que Parreira conseguia produzir e o Fluminense acabou o ano como sétimo colocado em presença de público, envolvendo as três séries do Campeonato Brasileiro de 1999. A competição começou no dia 28 de agosto e terminou em 23 de dezembro. As 36 equipes foram dividi-

143

Formando equipes vencedoras

das em seis grupos de seis times – 16 times estariam classificados para a segunda fase, os dois primeiros de cada grupo mais os quatro melhores terceiros colocados. Os 16 times fariam na segunda fase um sistema eliminatório simples. Cada dois clubes se enfrentariam em três jogos entre si, levando vantagem aquele mais bem classificado na primeira fase e, no final do campeonato, classificar-se-iam oito equipes.

As oito equipes restantes disputariam jogos eliminatórios simples, classificando quatro equipes para um quadrangular final. Neste, estariam definidas as duas equipes – campeã e vice – que ganhariam acesso à Série B em 2000.

A importância de, quando necessário, saber dançar conforme a música

❝ Foi importante termos sentido logo o tamanho do esforço que teríamos pela frente. Foi bom estrear perdendo, em Nova Lima (MG), num campo horrível, jogo às duas da tarde, um calor insuportável. Ali, o grupo sentiu o que é a terceira divisão. Entenderam que, num campeonato daqueles, haveria momentos em que seria preciso deixar de lado a técnica e a tática e colocar em campo simplesmente *o coração*. Vale muito mais o *espírito competitivo* do que a qualidade técnica. Era dançar conforme a música mesmo. Valia também para quando jogássemos no Maracanã, aí poderíamos impor nossa maior qualidade técnica. **❞**

Após o título, os jornais cariocas estampavam em suas manchetes do dia 24/12/1999: "Tricolor solta o grito de campeão – Torcida festeja time e dá ao herói Roger o título de Papai Noel", dizia o *Jornal do Brasil*. A capa do suplemento esportivo "Ataque", de *O Dia*, afirmava: "É campeão, sim, senhor." A matéria do *JB* lembrava que "a dramática campanha rumo ao título da terceira divisão começou com a derrota

A TRAJETÓRIA RUMO AO MAIOR DESAFIO

de 2 a 0 para o Villa Nova, em Nova Lima, mesmo placar da vitória da Bolívia sobre a seleção brasileira nas eliminatórias de 1993, no início da também dura caminhada para o tetracampeonato nos Estados Unidos, em 1994".

66 As duas campanhas foram igualmente exaustivas e, embora não exista parâmetro para comparação, ser campeão da Série C pode ser considerado até mais difícil do que uma Copa do Mundo, pois, na seleção, tínhamos todos os recursos e os melhores jogadores do país. Tenho muito orgulho desse título. Em todo currículo que fizer daqui para a frente, vou fazer questão de citá-lo entre as minhas conquistas como treinador. **99**

Parreira dedicou o título ao vice-presidente de futebol Francisco Horta, afastado no meio do campeonato depois da derrota para o Anapolina, no Maracanã (mais tarde, o Fluminense recuperaria os pontos na Justiça, porque o adversário escalou um jogador que estava em situação irregular):

– É claro que este apoio do Horta teve continuidade com o presidente David Fischel, mas, se não fosse o Horta, talvez não estivesse aqui hoje – declarou, em entrevista da época.

Seis anos depois daquele título, Parreira ainda se emociona ao lembrar.

66 É gratificante, porque o torcedor do Fluminense não esquece. Até hoje, aonde eu vou, dentro do Rio, fora do Rio, no hotel, no aeroporto, no avião, onde há um tricolor, ele me aborda e diz: 'Queria agradecer de coração pelo que você fez pelo meu clube em 1999.' É um sentimento de gratidão muito maior do que em relação ao título brasileiro de 1984. Impressionante. **99**

Em 2000, Parreira voltaria ao Maracanã num sábado à tarde com o Internacional – ganhou de 1 a 0 do Fluminense. Mas, ao entrar em

145

Formando equipes vencedoras

campo com o time gaúcho, o coração tricolor bateu mais forte ao ouvir um grito familiar e, naquele momento, inesperado: a torcida inteira do Fluminense começou a gritar "Parreira, Parreira".

66 Também fico arrepiado quando lembro desse dia. Você sabe que isso não é nada comum no futebol. Não tem preço. **99**

Em 2002, Parreira desbravaria um terreno inóspito: o mercado da capital de São Paulo, que sempre foi reticente com o técnico carioca.

66 A exposição do Corinthians na mídia é quase tão grande quanto a da seleção brasileira, até porque é diária. Há sempre quarenta ou cinqüenta profissionais de imprensa no clube, diariamente. Nos grandes jogos do clube, há sempre mais de dez emissoras de televisão no estádio. Sem contar o tamanho da torcida Fiel, e a penetração e a influência desse grupo dentro do clube. A torcida é tão ou mais fanática do que a do Flamengo ou a do Atlético-MG. Então, ninguém pense que é fácil vencer lá. Mas foi um trabalho maravilhoso, fomos a todas as finais. **99**

No Natal de 2001, Parreira participava, com a seleção brasileira, de um cruzeiro promovido pela Federação Paulista, de Eduardo José Farah, em homenagem aos campeões do mundo. No navio, Parreira já havia recebido um recado sobre o interesse do Timão. E o novo presente de Papai Noel veio na volta ao Rio: uma visita do dirigente corintiano Antônio Roque Citadini, ao lado de um representante da empresa Hicks & Muse (patrocinadora do Corinthians à época) e do gerente de futebol, Edvar Simões.

66 O Santos chegou a me procurar logo depois, mas o Corinthians havia feito a proposta primeiro. Além do mais, ninguém pode recusar uma proposta de trabalho para dirigir o

A TRAJETÓRIA RUMO AO MAIOR DESAFIO

Corinthians. Se você está em atividade como treinador, nunca pode dizer não ao Corinthians. E começamos a trabalhar no dia 5 de janeiro de 2002. **"**

Enfrentando a hostilidade e o pessimismo

O trabalho no Corinthians era desafiador por mais de um motivo: além do tamanho do clube, Parreira não era visto com bons olhos por parte da influente mídia paulista. O discurso é que ele não tinha "a cara" de São Paulo, que nunca havia trabalhado na cidade, que não tinha perfil para dirigir o Corinthians e que, por "tudo isso", não iria dar certo. O que a Paulicéia não sabia é que Parreira é um sujeito do trabalho. E que se molda com enorme facilidade a qualquer situação. Parreira não mudou o *script* em seu início de trabalho. Tratou logo de criar um ambiente positivo.

" Encontrei um grupo de jogadores maravilhosos. E o Corinthians tem uma estrutura das melhores no Brasil. Internamente, uma direção afinadíssima e muito bem organizada. Profissionais muito bem preparados em todos os setores, desde a rouparia até o departamento médico, fisiologia, preparação física... Já havia profissionais lá, mas levei o Moraci Santana e o Jairo dos Santos e eles foram bem recebidos por todos, integraram-se perfeitamente ao esquema que já existia lá. **"**

O pagamento de salário era rigorosamente em dia no Corinthians, e Edvar Simões era um administrador muito atento e cuidadoso. O ambiente era sempre muito bom entre os jogadores com Parreira. Havia alguns com ótima capacidade de liderança, como Ricardinho e Vampeta (campeões do mundo naquele ano da Copa da Coréia e do Japão, sob a batuta de Luiz Felipe Scolari), que foram importantíssimos no início do trabalho. Além deles, havia jogadores de bom nível, como Fa-

147

Formando equipes vencedoras

brício, Leandro e Rogério. O grupo todo era muito dedicado ao trabalho, e não havia como dar errado.

Parreira já tinha experiência suficiente para prever os problemas. Certa vez, o time ia jogar em Campinas contra o Guarani. A viagem para Campinas foi marcada para as 15 horas da véspera. Vampeta, que tinha "entrada" com o técnico, sugeriu:

– Professor, Campinas fica a pouco mais de uma hora daqui. Não dá para liberar um pouco mais o pessoal e sairmos às 17 horas?

– Claro que dá. Já está marcado – respondeu Parreira.

– Aquilo não iria alterar nada o meu planejamento, atendi a um pedido do grupo e eles viajaram felizes da vida. Muitas vezes, é preciso flexibilizar um pouco as coisas, no sentido de dar um passo atrás para depois dar dois à frente – ensina Parreira.

A campanha corintiana foi conduzida com tamanha competência que até hoje, quando ele encontra com alguém do Corinthians, ou com alguém da imprensa que fez a cobertura do clube naquele 2002, surge um comentário curioso.

> 66 Eles me dizem: 'Parreira, você passou um ano aqui e não sabe o que é o Corinthians. Sabe por quê? Porque foi um ano atípico, que transcorreu sem um único problema, seja de que natureza for.' Nunca enfrentamos uma crise sequer. Isso para mim foi ótimo. Digo sem medo de errar que foi um dos momentos mais felizes da minha vida quando trabalhei no Corinthans. Para você ter uma idéia, minha mulher e minhas filhas são cariocas. Mas viraram torcedoras corintianas fanáticas. Agora, que tenho aumentado a quantidade de palestras a empresários, acabo indo quase todas as semanas a São Paulo. E não há uma única vez que não cruze com um corintiano que me diga: 'Aí, Parreira, você tem que voltar para o nosso clube.' 99

Há motivos para a idolatria. Em 2002, o Corinthians esteve muito próximo de fazer a tríplice coroa (ganhar o regional, a Copa do Brasil

A TRAJETÓRIA RUMO AO MAIOR DESAFIO

e o Brasileiro). Foi simplesmente às três finais. Venceu o Rio-São Paulo e a Copa do Brasil, e perdeu a decisão do Brasileiro para um menino genial que estava surgindo no futebol brasileiro: Robinho, então muitíssimo bem assessorado por nomes de peso como Léo, Elano e Diego.

No início da temporada, a diretoria do Corinthians organizou uma espécie de capa protetora para que as pressões mais do que conhecidas no clube (conselheiros, dirigentes, torcidas organizadas como a gigantesca e influente Gaviões da Fiel) não chegassem dentro de campo. E a campanha do Timão ajudou a que nem uma crise sequer chegasse a se formar.

66 O time perdia muito pouco. Nunca perdemos mais de dois jogos seguidos (e somente uma vez naquele ano perdeu dois jogos seguidos). Além do mais, fiz ver aos jogadores que a pressão da torcida tinha de ser usada a nosso favor. Eles querem nos apoiar. Quando tem jogo domingo, na quinta-feira já há filas de gente para comprar ingresso. **99**

Para que se pudesse dizer que foi um trabalho perfeito, faltou apenas o título brasileiro. Mas o momento era dos meninos de ouro da Vila Belmiro, e nem a sempre decisiva ajuda da Fiel foi suficiente para ajudar Parreira.

66 Perdemos o título no primeiro jogo da decisão, quando eles conseguiram fazer 2 a 0. Aí chegamos no segundo precisando vencer por dois gols de diferença, pois tínhamos melhor campanha (o Santos foi o último entre os classificados, e entrou em desvantagem nas quartas, na semifinal e na final – e superou todas, duas contra o Grêmio, duas contra o São Paulo e duas contra o Corinthians, comandado por Émerson Leão). Perdemos por falta de pernas mesmo, o time estava cansado de uma temporada na qual conquistamos dois títulos e chegávamos à terceira final, em dezembro. **99**

Já o Santos estava voando fisicamente e tinha uma equipe de garotos. Além da qualidade do time, da excelente preparação que tiveram com Émerson Leão à frente, eles tinham vencido os três adversários das finais com uma garra e uma superação invejáveis. Esse aspecto foi decisivo para que derrotassem o Corinthians. Na final, o Santos, que podia perder por um gol, ainda fez 1 a 0 com Robinho, de pênalti, seqüência das famosas pedaladas em cima de Rogério.

Faltando dez minutos para o fim do jogo, viramos para 2 a 1. Faltava só um gol para o Timão chegar. O Morumbi viveu, então, uma breve e inesquecível manifestação de paixão da Fiel. O estádio parecia um grande coração alvinegro batendo ao som do hino corintiano. Mas, se nem essa massa humana foi capaz de ajudar Parreira a parar Robinho, é porque ninguém conseguiria mesmo.

66 Imagine aquele povo todo na arquibancada cantando o hino do Corinthians, quase todos de pé. Alguns jogadores do Santos me contaram depois que tremeram naquele momento. **99**

Infelizmente para Parreira, não tremeram o suficiente para perder o jogo – o Santos acabaria fazendo mais dois gols e dando uma merecida volta olímpica.

O maior desafio de Parreira: voltar à seleção com um *dream team*

Parreira voltaria a comandar a seleção brasileira oito anos depois da maior conquista, a Copa de 1994. Ele veio à frente de um grupo inteiramente distinto daquele, um grupo que ele vem preparando mental e tecnicamente durante dois anos. Pela primeira vez no principal cargo do futebol mundial, Parreira tem todas as precondições para chegar ao sucesso. E, até por conta desse favoritismo, a Copa de 2006, na Alemanha, é seu maior desafio. O atual grupo da seleção pode não ter

A TRAJETÓRIA RUMO AO MAIOR DESAFIO

lideranças naturais, mas possui jogadores em situações financeiras muito mais cinematográficas do que os de 1994, e também com muito mais talento individual do que qualquer outra nos últimos vinte anos.

"Deixe seu ego lá fora"

> "Eu não tenho ídolos. Tenho admiração por trabalho, dedicação e competência."
>
> AYRTON SENNA

Parreira sempre lembra aos comandados, em todas as equipes por onde passou, que os direitos individuais vão até o limite em que não atrapalham o direito do coletivo, do grupo, do time. A grande dúvida do público que acompanha a seleção hoje é saber como Parreira consegue fazer com que as estrelas milionárias, famosas, verdadeiras celebridades do futebol, se harmonizem e trabalhem com tranqüilidade na seleção.

Vincent Lombardi, um dos já citados gurus de Parreira, costumava repetir a seus jogadores: "É o compromisso da pessoa com o esforço conjunto que faz um time dar certo, uma empresa dar certo, uma sociedade dar certo."

66 Costumo contar também a história de Quincy Jones (maestro americano e um dos maiores arranjadores da música pop, que, em 1985, organizou a parte musical do projeto beneficente USA for Africa, no qual 45 estrelas da música pop, entre eles Bruce Springsteen, Cindy Lauper, Tina Turner, Lionel Richie, Ray Charles, Stevie Wonder, Willie Nelson, Billy Joel, Diana Ross, Kenny Rogers, Pointer Sisters, Chicago, Dionne Warwick, entre outros, gravaram a música "We Are the World". Cada um deles cantava apenas uma frase da letra, além do refrão, que todos

151

Formando equipes vencedoras

cantavam juntos). Nas entrevistas, sempre perguntavam a Quincy como ele conseguira convencer os mega-artistas a participarem para cantar apenas uma frase. Ele respondia: 'Foi fácil. Foi só colocar na porta do estúdio uma placa com os dizeres: *Deixe o seu ego lá fora*.' Ou seja, deixe suas vaidades lá fora. **"**

Os interesses individuais e os interesses coletivos não podem entrar em conflito.

Parreira fez e continua fazendo exatamente assim na seleção brasileira. Antes de um dos primeiros jogos em sua terceira passagem na CBF, ele conversou com o grupo de superastros do time.

" Todos vocês são celebridades. Algumas até entre as mais conhecidas no mundo todo, seja em que área for. É o caso do Ronaldo, uma das figuras mais conhecidas no planeta. Mas, neste grupo, temos algo que é maior do que todos nós: é a camisa da seleção brasileira, é a "amarelinha". Essa brilha mais do que todo mundo. Por aqui já passaram Garrinchas, Pelés, Didis e Vavás, tantos outros grandes nomes, e o futebol brasileiro continua brilhando. Se mantivermos o tempo todo essa consciência, o trabalho vai ficar muito mais fácil. **"**

Liderar com equilíbrio

Um bom líder precisa ser rígido e, na hora certa, descontraído. Sabe cobrar, mas sabe quando é necessário ser compreensivo.

" Quando vamos do hotel para o estádio, num jogo de seleção brasileira, é uma batucada no ônibus, uma enorme bagunça. Nós incentivamos, nós é que distribuímos os instrumentos de

A TRAJETÓRIA RUMO AO MAIOR DESAFIO

percussão. A psicologia explica: a ação mecânica alivia a tensão. Eles tocam bem, têm ritmo e, à medida que nos aproximamos do estádio, a música, o som aumenta e deixa a todos arrepiados. Isso relaxa a tensão. Quando é para entrar em campo, todos estão prontos, com a adrenalina lá em cima, para seguir em frente. **"**

O que não significa liberalidade ou perda de liderança. Em 2005, o time jogaria em seqüência contra Paraguai, em Porto Alegre, no domingo, e, três dias depois, contra a Argentina, em Buenos Aires.

" Ou seja, era preciso muito descanso entre um jogo e outro. Se viajássemos para a Argentina na segunda-feira, seria inevitável que os jogadores saíssem à noite em Porto Alegre, que tem muitas atrações e belíssimas mulheres. Ou então haveria um desgaste desnecessário de prender o time no hotel. O que fizemos? Marcamos a viagem para a noite de domingo. O time saiu do Beira-Rio para o aeroporto. Assim, ninguém se cansou, ninguém reclamou e todos ficaram satisfeitos. O comandante deve dar o que um grupo PRECISA, e não o que o grupo quer. **"**

Os pontos mais altos de uma carreira cheia de pontos altos foram os trabalhos na seleção brasileira. Até a conclusão desta obra, foram mais de 120 jogos, 56 vitórias, 36 empates e 13 derrotas.

Ao longo de todo esse tempo, Parreira absorveu alguns ensinamentos que poderiam formar uma espécie de cartilha para o sucesso na seleção brasileira:

⊛   Estimule a auto-estima de cada um.

⊛   Estabeleça objetivos realistas.

⊛   Aprenda a identificar o que deve ser mudado.

Formando equipes vencedoras

⊗ Trabalhe duro.

⊗ Garanta a disciplina.

Esta aula do professor Parreira acaba aqui por enquanto... Mas os desafios e as conquistas dele não cessarão. Entre eles, está o de conseguir que suas lições ajudem os leitores desta obra a acreditar que todo sonho é possível desde que se lute para transformá-los em realidade. Muitas vitórias para todos!

BIBLIOGRAFIA

ARONSON, Elliot, Wilson, Timothy D., Akert, Robin M. *Psicologia social*. Rio de Janeiro: LTC, 2002.

BIBLIOTECA NACIONAL DO RIO DE JANEIRO. Arquivo de periódicos.

COVEY, Stephen. *Os 7 hábitos das famílias altamente eficazes*. Rio de Janeiro: BestSeller, 2005.

_____ . *Os 7 hábitos das pessoas altamente eficazes*. Rio de Janeiro: BestSeller, 2005.

DRUCKER, Peter. *Administrando para obter resultados*. São Paulo: Thomson Pioneira, 2002.

_____ . *Fator humano e desempenho*. São Paulo: Thomson Pioneira, 1997.

HILL, Napoleon. *Chaves para o sucesso*. Rio de Janeiro: Record, 1994.

_____ . *Pense e enriqueça*. Rio de Janeiro: Record, 2000.

_____ . *Você pode fazer os seus milagres*. Rio de Janeiro: Record, 2000.

JÚLIO, Carlos Alberto. *A arte da estratégia*. Rio de Janeiro: Negócio Editora, 2005.

_____ . *A magia dos grandes negociadores*. Rio de Janeiro: Negócio Editora, 2005.

KRZYZEWSKI, Mike. *Leading with the Heart: Coach K's Successful Strategies for Basketball, Business, and Life*. Nova York: Warner Business Books, 2000.

LOMBARDI, Vince. *What It Takes to Be #1*. Nova York: McGraw-Hill, 2002.

MOTA, Evandro. *Escolhas e conseqüências*. Curitiba: Artes Gráficas e Editora Unificado.

NAPOLEÃO, Antônio Carlos, Assaf, Roberto. *Seleção brasileira – 90 anos*. Rio de Janeiro: Mauad, 2004.

RANGEL, Alexandre. *O que podemos aprender com os gansos*. São Paulo: Editora Original, 2003.

RILEY, Pat. *The Winner Within: A Life Plan for Team Players*. Nova York: Berkley Publishing, 1994.

ROMÃO, Cesar. *A semente de Deus*. São Paulo: ARX, 2000.

SCHULLER, Robert H. *If It's Going to Be, It's Up to Me*. São Francisco: HarperSanFrancisco, 1997.

SHINYASHIKI, Roberto. *O sucesso é ser feliz*. Rio de Janeiro: Gente, 2002.

SOUZA, César. *Você é do tamanho dos seus sonhos*. Rio de Janeiro: Gente, 2003.

THE REC. SPORT. SOCCER STATISTICS FOUNDATION. <www.rsssf.com>

WOODEN, John, Jamison, Steve. *Wooden on Leadership*. Nova York: McGraw-Hill, 2005.

_____ . *A Lifetime of Observations and Reflection*. Nova York: McGraw-Hill Professionals, 1997.

A CARREIRA

São Cristóvão de Futebol e Regatas (RJ) – 1967: Treinador de juniores e preparador físico dos profissionais.

Seleção de Gana – 1967/1968: Treinador do time principal – Vice-campeão da Copa Africana.

Kotoko (Gana) – 1967: Treinador do time principal – Vice-campeão da Copa de Clubes Campeões da África.

Club de Regatas Vasco da Gama (RJ) – 1969: Preparador físico do time principal.

Fluminense Football Club (RJ) – 1970 a 1975/1984/1999: Campeão brasileiro em 1970, campeão carioca em 1971 e 1973, Taça Guanabara de 1973 (até aqui, como preparador físico) e campeão carioca em 1975 (assumiu o comando do time principal na parte final da competição), campeão brasileiro em 1984 e campeão brasileiro da Terceira Divisão em 1999.

Clube Atlético Bragantino (SP) – 1991: Treinador do time principal – Vice-campeão brasileiro.

Valencia (Espanha) – 1995: Treinador do time principal – Vice-campeão do Torneio Naranja e vice-campeão do Torneio Juan Gamper.

Fenerbhace (Turquia) – 1996: Treinador do time principal – Campeão nacional e vice-campeão da Copa da Turquia.

Formando equipes vencedoras

São Paulo Futebol Clube (SP) – 1996: Treinador do time principal.

New York Metrostars (EUA) – 1997: Treinador do time principal.

Clube Atlético Mineiro (MG) – 2000: Treinador do time principal.

Santos Futebol Clube (SP) – 2000: Treinador do time principal.

Sport Club Internacional (RS) – 2001: Treinador do time principal.

Sport Club Corinthians Paulista (SP) – 2002: Treinador do time principal – Campeão do Torneio Rio-São Paulo, campeão da Copa do Brasil e vice-campeão brasileiro.

Seleção olímpica brasileira de 1972: Preparador físico.

Seleção do Kuwait – 1976 a 1982: Vice-campeão da Copa da Ásia 1976 (como preparador físico), campeão do Torneio Pré-olímpico 1980 (como treinador), campeão da Copa da Ásia 1980, campeão da Copa do Golfo e vice-campeão dos Jogos Asiáticos.

Seleção dos Emirados Árabes Unidos – 1985 a 1988/1990: Treinador do time principal, vice-campeão da Copa do Golfo 1986.

Seleção da Arábia Saudita – 1988 a 1990/1998: Treinador do time principal, campeão da Copa da Ásia 1988.

Seleção brasileira principal – 1970/1983/1984/1991 a 1994: Campeão mundial no México em 1970 (preparador físico), vice-campeão da Copa América de 1983 (como treinador), campeão da Copa da Amizade de 1992, campeão mundial no Estados Unidos em 1994, campeão da Copa América em 2004 e campeão da Copa das Confederações em 2005.

O currículo inclui, ainda, a participação no Comitê Técnico da FIFA desde 1971.

A CARREIRA

RESUMO

1 título da Copa da África de clubes, 1 final de Copa Africana de seleções, 1 final de Torneio Naranja, 1 final de Torneio Juan Gamper, 1 título nacional na Turquia, 1 final da Copa da Turquia, 3 finais e 2 títulos de Copa da Ásia de seleções, 2 finais e 1 título de Copa do Golfo de seleções, 1 final de Jogos Asiáticos de seleções, 1 título pré-olímpico asiático de seleções, 5 finais e 3 títulos brasileiros (um da terceira divisão), 3 títulos estaduais do Rio de Janeiro, 1 título de Copa do Brasil, 1 título de Torneio Rio-São Paulo, 1 título de Copa da Amizade de seleções, 2 finais e 1 título de Copa América de seleções, 1 título de Copa das Confederações e 2 títulos de Copas do Mundo de seleções – 19 títulos e 9 vices. Participação em 6 Copas do Mundo, 4 Copas continentais e 2 Olimpíadas.

Ricardo Gonzalez Paradela nasceu no Rio de Janeiro, em 15 de janeiro de 1965. É casado com a psicopedagoga Luciana Araújo e tem um filho, Rafael, do primeiro casamento. Formou-se em jornalismo pela Escola de Comunicação da Universidade Federal do Rio de Janeiro em 1987. Trabalhou como free-lancer nas editorias "Grande Rio" e "Jornal de Bairros" do jornal O Globo, em 1988. Em novembro daquele ano, passou a trabalhar como repórter de esportes no Jornal do Brasil. Em 1992, trabalhou na Folha de S.Paulo, voltando em seguida ao Jornal do Brasil, onde cobriu a Copa do Mundo de 1994 (Brasil campeão, com Parreira à frente), nos Estados Unidos. Em 1996, foi para O Dia e em 2004, para o diário Lance! como editor-assistente. Hoje é subeditor do site www.globoesporte.com

Ricardo Gonzalez dedica esta obra a seus maiores amores: Luciana, Rafael e os herdeiros que virão. E agradece ao pai, Constantino, pelo exemplo de vida, a Luiz Henrique Romanholli, pela ajuda numa hora difícil, e a Rafael Fernandes, da CBF, pela colaboração decisiva no início do projeto.

Outros títulos publicados pela Editora BestSeller

Onde está o gorila?
Richard Wiseman

O teste do gorila é uma poderosa e divertida metáfora para o que o autor chama de "pontos cegos psicológicos", que impedem a percepção das soluções óbvias para problemas aparentemente difíceis. O autor ensina como aguçar a atenção para descobrir excelentes oportunidades e aproveitar as chances que aparecem de modo inesperado. Aprimorando sua capacidade de identificar as oportunidades a sua volta, você poderá começar um negócio rentável ou até mesmo encontrar o parceiro ideal.

Os 7 hábitos das pessoas altamente eficazes – Edição revista
Stephen R. Covey

Os 7 hábitos das pessoas altamente eficazes, considerado o livro de negócios mais influente do século XX, são o que Stephen R. Covey apresenta como os princípios fundamentais da eficácia humana – sete hábitos básicos e primordiais nos quais estão baseados o sucesso e a felicidade duradoura. Em edição revista, com novos prefácio e posfácio, o autor mostra por que esses hábitos permanecem essenciais ao sucesso na vida pessoal e na profissional.

Não esqueça quem você é
Daisy Wademan

É uma tradição na Harvard Business School: todo final de semestre, os professores se despedem da classe contando uma história pessoal. São relatos que envolvem desafios, fracassos, experiências – depoimentos que o ajudarão nas escolhas e decisões para vencer na vida. Daisy Wademan, recém-formada por essa consagrada instituição, compilou valiosas lições de auto-ajuda que orientarão você na construção de uma carreira sólida e na preservação do equilíbrio emocional na vida particular.

LÍDER A SERVIÇO – Série Ken Blanchard
Ken Jennings e John Stahl-Wert

Este é um guia prático sobre os princípios básicos da liderança. Em uma parábola interessante que relata a trajetória de crescimento que todo grande líder em busca de um significado maior em sua gestão deve trilhar, os autores mostram como determinadas ações podem atuar de modo transformador.

Visite a nossa *home page*:
www.editorabestseller.com.br

Você pode adquirir os títulos da EDITORA BESTSELLER
por Reembolso Postal e se cadastrar para
receber nossos informativos de lançamentos
e promoções. Entre em contato conosco:

mdireto@record.com.br

Tel.: (21) 2585-2002
Fax.: (21) 2585-2085
De segunda a sexta-feira,
das 8h30 às 18h.

Caixa Postal 23.052
Rio de Janeiro, RJ
CEP 20922-970

Válido somente no Brasil.

ESTE LIVRO FOI COMPOSTO NA TIPOLOGIA SYNTAX, EM CORPO 11/16,3
IMPRESSO EM PAPEL OFF-SET 90G/M^2,
NO SISTEMA CAMERON DA DIVISÃO GRÁFICA DA DISTRIBUIDORA RECORD.